シードブック

保育内容 健康
第3版

榎沢良彦・入江礼子　編著

上垣内伸子・桑原由紀子・菅　治子・鈴木恒一・堀田瑛子
本江理子・安見克夫・安村清美・矢萩恭子　共著

建帛社
KENPAKUSHA

はしがき

SEED

　日本の幼稚園教育および保育は子どもを一人の主体として尊重し，子ども自身が内面から成長し発達していくことを重視する方向へと発展してきた。その表れが，現在の保育内容の考え方である。保育内容の「領域」は一言で言えば，主体としての子どもがどのように発達していくのかを踏まえ，子どもの内面性の育ちに配慮したものである。それは子どもの発達の基礎をなすものでもある。

　また，保育内容は教育方法および保育方法と緊密な関係にある。乳幼児期の子どもたちにふさわしい教育方法および保育方法は，乳幼児期の子どもたちの学び方および発達の仕方に合ったものでなければならない。日本の幼稚園教育および保育は，そのような方法を探究してきた。保育内容は，乳幼児期の子どもたちに合った方法と一体となることにより，初めて十分に実を結ぶのである。それゆえ，私たちは発達の基礎としての保育内容について理解を深めると共に，それをどのように実践に具体化し，子どもたちに経験させるか，その方法についても学ばなければならないのである。

　以上のような子どもを主体として考えることを，実践において実現することは難しいことである。学生のみなさんの多くは，子どもたちを楽しませることや，子どもたちを遊ばせることに懸命になる。その結果，いつの間にか子どもの視点を見失い，子どもの内面に目を向けることを忘れてしまう。そこで，「シードブック」5領域の教科書では，学生のみなさんが，主体としての子どもの視点から保育内容を理解できるように，特に以下の点に配慮して編集した。

　第一は，保育内容を「子ども自身が学ぶ」という視点で捉えることである。第二に，できるだけ子どもの経験が見えるようにすることである。そして，第三

に，同じく子どもの視点から援助のあり方についても捉えることである。章により配慮の程度に違いはあるものの，基本的に各執筆者は以上の点を意識して執筆した。

2017年3月に「幼稚園教育要領」「保育所保育指針」「幼保連携型認定こども園教育・保育要領」が改訂・改定された。それに伴い，本書も改訂を行い「第3版」とした。改訂に当たっては以下のことに配慮した。

一つは，幼稚園・保育所・幼保連携型認定こども園における保育内容の整合性を十分に踏まえて，幼稚園教育要領等の改訂・改定の趣旨および変更点について正確に理解できるようにすることである。今回の幼稚園教育要領等の改訂・改定では，幼稚園・保育所・幼保連携型認定こども園に共通する点として「発達を支援するという教育」の面が明瞭にされた。三つの機関・施設は乳幼児期を通じて，子どもを教育することを共通の目的としており，その成果は小学校へと連続していくことがより明確にされた。そのことを本書の中に反映するように配慮した。もう一つは，新しい情報や知見を盛り込むことである。幼稚園教育要領と保育所保育指針は9年ぶりの改訂・改定である。その間に様々な調査がなされている。そこで，保育内容の理解を深めるために必要なかぎり，新しい情報や知見を盛り込むことにした。章により，修正の必要度合いは異なるが，各執筆者は以上の点を意識して，適宜修正した。

最後に，本シリーズが，保育者を志す学生のみなさんが子どもの視点に立った保育内容と援助のあり方について理解を深めるための一助となることを，切に願うしだいである。

2018年4月

編　者

も く じ

第1章　領域「健康」の意味 ……………………………………… 1

1. 健康の考え方 ………………………………………………………… 1

（1）保育・教育と健康　1　（2）WHO（世界保健機関）の健康の定義　2

2. 子どもの健康の考え方 …………………………………………………… 3

1）愛着と基本的信頼感の形成　4　　2）健康な生活リズムの確立　4
3）健康な食事・食習慣・団らん　4
4）基本的生活習慣の確立による気持ちよさの実感　5
5）仲間と過ごす集団生活の楽しさ　5
6）幼児期は遊びを通して総合的に学ぶ時期　5
7）安全基地としての家族・家庭　6

3. 人権としての子どもの健康 …………………………………………… 6

（1）大人が子どもに保障するものとしての「健康」　6
（2）保障されるものとしての「健康」と主体的に生み出す「健康」　7

4. 領域「健康」において育むもの ……………………………………… 8

（1）乳幼児期の教育・保育の考え方　8
（2）「幼児期の終わりまでに育ってほしい姿」と健康　8
（3）「ねらい及び内容」における「健康」の扱い　9
（4）保育所保育指針の養護における「ねらい及び内容」にみる「健康」　11

5. 領域「健康」と他の領域との関係 ……………………………………12

（1）領域の相互性と総合性　12
（2）子どもの生活の基盤を支える領域としての「健康」　13

6. 小学校教育と領域「健康」の関連性 …………………………………14

（1）学習のための基盤づくりとしての領域「健康」　14
（2）小学校教育との円滑な接続の観点から捉える領域「健康」　14

iv

第2章　健康にかかわる子どもの生活実態 ……………………………… 16

1. 遊　　び………………………………………………………………… 16

　（1）子どもの遊びの傾向からみえるもの　16
　（2）社会的背景　18　（3）幼稚園や保育所，認定こども園での取り組み　19

2. 習 い 事……………………………………………………………………… 20

　（1）保護者が子どもに習い事をさせる目的　20
　（2）保護者が子どもに期待するもの　21　（3）子どもにとっての意味　21

3. 食 生 活…………………………………………………………………… 22

　（1）子どもの食生活の現状　22　（2）食の進まない子　23

4. 生活のリズム……………………………………………………………… 25

　（1）夜型の子ども　25　（2）不規則な食事時間　25
　（3）テレビ，DVD 等の視聴時間　26　（4）規則正しい生活　26

5. 心の問題…………………………………………………………………… 26

　（1）子どもに見られる退行現象　27　（2）保護者がかかえる問題　27

第3章　子どもの心身の健康 ………………………………………………28

1. 心と身体の関連 …………………………………………………………28

　（1）子どもの生活を取り巻く環境　28　（2）子どもの生活と心身の健康　30

2. 基本的生活習慣や態度の重要性 ………………………………………32

　（1）生活リズムと心身の健康　32　（2）生活習慣と心身の健康　33
　（3）子どもが自ら生活習慣を獲得するために　35

3. 子どもの心身の健康の基盤を培う保育者の役割…………………… 36

　（1）自発的な遊びを支える　36　（2）身体を使って体験することを支える　36

4. 子どもの心身の健康と園の環境 ………………………………………37

　（1）健康なリズムをつくる園環境　37
　（2）身体を十分に動かし運動ができる園環境　38

第4章　身体の発達と園生活 ………………………………………………39

1. 身体の発達…………………………………………………………………39

　（1）身体の発達の捉え方　39　（2）乳幼児期の身体発育の特徴　40

（3）体重・身長　41　（4）プロポーションの変化　44

2. 運動の発達……………………………………………………………………45

（1）運動発達の順序性と方向性　45　（2）運動能力の捉え方と基礎的運動　47
（3）基礎的運動の発達　50

3. 子どもにとって身体・運動が発達することの意味……………………52

（1）身体の確認から運動の意味の獲得へ　52　（2）「私」の身体へのまなざし　53
（3）身体があらわすもの　54

4. 身体・運動の発達と園生活との関係…………………………………56

（1）身体活動の経験で獲得するもの　56
（2）発達を考える－園での実践を捉えながら　57

第5章　心の発達と園生活 ……………………………………………61

1. 心 と は……………………………………………………………………61

（1）子どもを取り巻く現代社会の状況　61　（2）子どもの心の発達に必要なもの　62

2. 情緒の発達と園生活……………………………………………………65

（1）情緒の発達　65　（2）子どもの情緒の特徴　67　（3）情緒の安定　67
（4）園における情緒の発達　68

3. 社会性の発達と園生活…………………………………………………69

（1）社会性の発達　69　（2）人間関係の基礎　70　（3）人間関係の広がり　71
（4）社会的ルールの理解　71　（5）園における社会性の発達　72

4. 知的能力の発達と園生活………………………………………………73

（1）知的能力の発達　73　（2）思考と言葉　74　（3）園における知的能力の発達　76

5. パーソナリティの発達と園生活………………………………………77

（1）パーソナリティとは　77　（2）パーソナリティの基礎　77
（3）園におけるパーソナリティの発達　78

6. 心の発達と保育者の援助………………………………………………79

第6章　遊びと健康………………………………………………………82

1. 遊びと心身の健康………………………………………………………82

（1）子どもの遊びとは　82　（2）身体の健康　83　（3）心の健康　85

2. 室内の遊びと健康･･ 86

　（1）室内の特徴　86　（2）保育室の遊び　88　（3）遊戯室（広間）の遊び　89

3. 戸外の遊びと健康･･ 90

　（1）戸外の特徴　90　（2）心の健康　91　（3）身体能力の育ち　92
　（4）水遊びによる爽快な気分　93

4. 運動遊びの意義･･ 93

　（1）友達と一緒に行うことの意義　93　（2）全身の運動能力を使う　94
　（3）身体的な充実感を得る　95

第7章　健康にかかわる遊びと保育者の援助 ････････････････････ 96

1. 園庭の遊具での遊び･･･ 96

　（1）遊びの特質　98　（2）援助の要点　100

2. 鬼ごっこ ･･ 102

　（1）遊びの特質　102　（2）援助の要点　103

3. ボール遊び ･･ 106

　（1）遊びの特質　108　（2）援助の要点　109

4. かけっこ ･･･ 111

　（1）遊びの特質　112　（2）援助の要点　113

5. 室内での遊び ･･ 114

　（1）遊びの特質　116　（2）援助の要点　116

6. 保育者の援助の一般的留意点 ･･････････････････････････････････ 117

第8章　基本的生活習慣の指導・援助 ･･････････････････････････ 119

1. 子どもにとっての生活習慣 ････････････････････････････････････ 119

　（1）基本的生活習慣とは　119　（2）子どもにとっての生活習慣とは　119

2. 基本的生活習慣を身に付ける意義 ･･････････････････････････････ 120

　（1）技術を習得して，自ら欲求を満たす　120　（2）主体的な生活　121

3. 基本的生活習慣の内容 ･･･ 123

　（1）食事　123　（2）睡眠　124　（3）排泄　126　（4）着脱衣　128

（5）衛生　*130*　（6）生活習慣を整えること　*130*

4. 基本的生活習慣の指導・援助のあり方 ・・・・・・・・・・・・・・・・・・・・・・・・・・・・・・・・・*132*

（1）基本的生活習慣を再考する　*132*
（2）「やっている」から「やりたがるようにする（意欲）」へ　*135*
（3）その子のペースを見極める　*135*　（4）総合的に子どもをみる　*136*
（5）家庭との連携　*137*　（6）笑いとユーモア感覚　*137*

5. 具体例における保育者の配慮 ・・*138*

（1）からだが発するSOS　*138*　（2）雰囲気づくり　*139*
（3）必要感を育てる　*140*　（4）その子の意志を尊重する　*140*

第9章　保健への配慮と指導・援助 ・・・・・・・・・・・・・・・・・・・・・・・・・・・*142*

1. 子どもたちの健康状態の把握 ・・・・・・・・・・・・・・・・・・・・・・・・・・・・・・・・・・・・・・・*142*

（1）保健調査　*142*　（2）定期健康診断　*143*　（3）日々の健康観察　*144*

2. 子どもの疾病とその予防・処置 ・・・・・・・・・・・・・・・・・・・・・・・・・・・・・・・・・・・・*146*

（1）人にうつる病気（感染症）　*146*　（2）子どもに多い疾病や異常　*147*

3. 子どもの事故とその処置 ・・*149*

（1）事故発生時の対応　*149*　（2）生命にかかわる重大な事故やけが　*150*
（3）子どもに多いけがとその手当て　*150*
（4）保健室（保健コーナー）　*152*

4. 食育と健康 ・・*153*

（1）食育で身に付けたいちから　*153*　（2）保育所・幼稚園等でできる食育　*154*

5. 家庭や関係機関との連携　155

（1）家庭との連携　*155*　（2）医療機関との連携（学校医・園医）　*155*
（3）地域との連携　*155*

第10章　安全の管理と指導・援助 ・・・・・・・・・・・・・・・・・・・・・・・・・・・*156*

1. 安全管理の意義と目的 ・・*156*

2. 子どもの事故やけがの要因と発生場所 ・・・・・・・・・・・・・・・・・・・・・・・・・・・・*157*

（1）子どもの事故の発生場所　*158*　（2）子どものけがの内容　*159*

3. 災害に対する安全指導 ・・*161*

（1）避難訓練　*161*　（2）防犯指導　*161*　（3）交通安全指導　*162*

4. 安全な環境づくりに必要な留意点 ················162

（1）保育室内の安全対策　162　（2）園庭の安全対策　165
（3）疾病に対する防疫体制と安全対策　166

5. 安全指導と援助のあり方 ························168

（1）精神面からの安全指導　168　（2）行動面からの安全指導　169
（3）遊びを通しての安全指導　169

6. 安全管理とその点検の進め方 ····················170

7. 家庭・地域との連携 ··························171

（1）子どもの健康で安全な暮らしの保障　171
（2）けがや病気・事故の連絡方法　171

第11章　園外保育と健康 ·······················173

1. 子どもにとっての園外保育 ····················173

2. 園外保育で育つ心身の健康 ····················174

（1）情緒が安定する　174　（2）歩く楽しさを知る　174
（3）食欲を増し食事を楽しくする　175　（4）多様な動きを経験する　175
（5）安全に関する能力を身に付ける　175

3. 実践例に見る子どもの体験と保育者の援助 ·········176

（1）歩くことが好きになる　176　（2）おなかをすかせて，おいしく食べる　177
（3）流れるプールでダイナミックに遊ぶ　179　（4）栽培活動と食育　180
（5）自然を思い切り楽しむ　182　（6）自然の中でのくらし−宿泊保育　184

4. 園外保育実施のあり方 ·······················185

（1）目的地の選定　185　（2）実地踏査（下見）とスケジュール　186
（3）事前，事後の保育　186　（4）保育者の持ち物　186　（5）当日の配慮　187
（6）危険やけがへの対応策　187　（7）園外保育の意義を保護者に伝える　187

さくいん ·································188

第1章
領域「健康」の意味

1. 健康の考え方

(1) 保育・教育と健康

　子どもや保育に関する法令の中には,「健康」という言葉が必ずといっていいほど登場する。例えば,教育基本法［1947（昭和22）年,2006（平成18）年改正］第1条には,「心身ともに健康な国民の育成」が教育の目的として記されている。

> **第1条**（教育の目的）　教育は,人格の完成を目指し,平和で民主的な国家及び社会の形成者として必要な資質を備えた心身ともに健康な国民の育成を期して行われなければならない。

　学校教育法［1947（昭和22）年,2016（平成28）年改正］には,幼稚園の目標の第一に「健康」が挙げられている。

> **第22条**　幼稚園は,義務教育及びその後の教育の基礎を培うものとして,幼児を保育し,幼児の健やかな成長のために適当な環境を与えて,その心身の発達を助長することを目的とする。
> **第23条**　幼稚園における教育は,前条に規定する目的を実現するため,次に掲げる目標を達成するよう行われるものとする。
> 　一　健康,安全で幸福な生活のために必要な基本的な習慣を養い,身体諸機能の調和的発達を図ること。（二～五省略）

　児童福祉法［1947（昭和22）年,2016（平成28）年改正］では,第1条に児童福祉の理念として,児童の健全育成が挙げられている。

> **第1条** 全て児童は，(中略)その心身の健やかな成長及び発達並びにその自立が図られることその他の福祉を等しく保障される権利を有する。

　幼稚園教育や，保育所をはじめとする児童福祉施設における保育の拠り所となる法律の目的や理念の中に，このような「健康」に関する記載があるということは，私たち誰もが子どもの健康な成長を願って育ちにかかわろうとしていることの表れだといえる。保育を学び，保育の意義を追求していくにあたっては，まず「健康」とは何かを明確にしておくことが必要であろう*。

（2）WHO（世界保健機関）の健康の定義

　一般的に人が健康であるということは，どういうことを指し示すのだろうか。健康の考え方の基準とされているものに，WHO憲章の前文の冒頭に記された「健康の定義」がある。

> 　健康とは，身体的，精神的並びに社会的に完全に良好な状態であって，単に疾病や虚弱でないというだけではない。
>
> "Health is a state of complete physical, mental and social well-being and not merely the absence of disease or infirmity."

　健康を身体的，精神的，社会的という三つの視点から捉えたこのWHOの定義は，ともすれば身体的側面に重点が置かれがちなこれまでの健康観に対して，心と体という両面の健康，それに生活場面としての社会的側面も加えて，全人的な健康の捉え方を示した点で大きな意義をもつ[1]。単に病気にかかりにくく抵抗力があるだけではない，well-being（良好な状態）という言葉で示される人間的に豊かな生活の実現まで含めて考えた，積極的な健康観である。

　具体的には，体が丈夫で元気に過ごしている（からだの健康），心が安定し

＊　幼保連携型認定こども園においては，「就学前の子どもに関する教育，保育等の総合的な提供の推進に関する法律」（通称：認定こども園法）第3章第9条に教育及び保育の目標が挙げられ，そこに「健康」についての記載がなされている。

て伸び伸びと過ごしている（こころの健康），周りの人と適切にかかわりながら明るく生き生きと過ごしている（社会的健康）状態といえる。疾病の有無も健康にとって重要な意味をもつには違いないが，何よりも大切なことは，意欲的で心豊かな生活，子どもであれば子ども時代にふさわしい生活が適切に営まれることではないだろうか。疾病や障がい，慢性疾患ゆえに制限を受けることが不健康なのではない。「健康」の対極にある「不健康」とは，安定した気持ちをもち，社会の中で自分らしさを十分に発揮して生きることをおかされている状態である。

　私たち大人が，便利で合理的で住みやすい社会を目指す中で，子どもは遊び場を奪われ，友達と遊ぶ時間を奪われ，生活リズムや食生活も変化してきた。外遊びの減少とコンピュータゲームの増加からか子どもの体力・運動能力の低下が指摘され，夜更かしや朝食抜き，肥満などの生活習慣病も増加し，日常的にイライラ・ムシャクシャしたり体がだるいなどという，心と体が不健康な状態にある子どもがいることが報告されている。また，乳幼児を育てている世帯の生活困窮率が増加し，貧困から生じる生活の困難さや社会からの孤立等の問題も深刻化している。幼稚園・保育所・幼保連携型認定こども園（以下「認定こども園」とする）での子どもへの保育援助，保護者への保育指導，育児支援に際して，社会的側面まで含めた心と体の健康は，今後さらに重視されていくと思われる。

　また，子どもの健康は，その後の人生の健康につながる生涯を通しての健康な生活の基礎になるので，現時点での健康を保障するだけでなく，子ども自身が自ら健康な生活をつくり上げ，一生を通して健康に生きる力を獲得することに対しての援助という視点をもつことも重要である。

2. 子どもの健康の考え方

　前節では「健康」に関する一般的な考え方を見てきたが，子どもが捉える「健康」という状態はどのようなものだろうか。ここでは，一人の女の子の詩

を通して，子ども自身が感じる「健康」について考えてみよう。

> **あそんでくるね**[2]　　　小川　ひかり（千葉・小一）
> 　　　　ママ　おはよう！
> 　　　　ごはん食べて
> 　　　　かおをあらって
> 　　　　学校にいって
> 　　　　いっぱいあそんで
> 　　　　かえってくるね

1）愛着と基本的信頼感の形成―「ママ」

　「ママ」と，朝目覚めてすぐに呼んだのは，一番最初に会いたい人の名前。大切な人に守られ愛されていることに対する信頼感，いつでも大切な人が身近にいて見守ってくれているという信頼感が，自分の存在に対する自信と信頼感を形成し，心の健康をつくり上げていく。幼稚園や保育所，認定こども園においても，担任保育者との間に信頼関係を結ぶことによって，安定感をもって行動し，生き生きと活動に取り組むことができるようになる。

2）健康な生活リズムの確立―「おはよう！」

　ぐっすり眠り，「おはよう！」と気持ちよく目覚めることが健康な一日のスタート。大人の生活の夜型化は，子どもの早寝早起きしにくい状況をもたらす。2000（平成12）年の幼児健康度調査で3歳児の50％，4〜6歳児の40％が夜10時以降に寝ている実態が指摘され，政府は「健やか親子21」「早寝早起き朝ごはん国民運動」など，子どもの基本的生活習慣の確立や生活リズムの向上につながる運動に積極的に取り組んできた。その成果からか，2010（平成22）年の調査では，幼児の85％が午前8時前に起床する「早寝早起き」型になってきている[3]。

3）健康な食事・食習慣・団らん―「ごはん食べて」

　家族が集う食卓は大切な交流の場である。また，質のよい食事が健康の素となる。個食（孤食，一人食べ），欠食と団らんの喪失は，現代社会の問題といわれているが，朝食抜きの子どもに個食が多いという傾向がある。遅寝遅起き

と朝食の欠食の関連も指摘されている。

食べ物を食べたとき，子どもは満足感を心と体で体験する。気持ちが安定し，積極的に周囲にかかわろうとする。家族と一緒に食べる経験を土台にして，園で保育者や友達と一緒に食べる楽しさを味わいたい。

4）基本的生活習慣の確立による気持ちよさの実感―「かおをあらって」

食事・睡眠・排泄・衣服の着脱・清潔を基本的生活習慣といい，幼児期におおよそ一人でできるようになる。けれども，それをもって自立とはいえない。真の意味での生活習慣の確立とは，必要感を感じて自分で自分を気持ちよい状態にできることだからである。

十分な依存と適切な世話を受けた結果として自立はもたらされるので，幼児期には，適切で十分な世話を受けて気持ちよく過ごすことが大切である。そして，生活面で自立することが，精神的自立や自分に対する自信や有能感を育て，心の健康とwell-beingにつながっていく。

5）仲間と過ごす集団生活の楽しさ―「学校にいって」

「自分がやりたいことを仲のいい友達と一緒にやると，自分の思い通りにはできなくなるけれど，一人のときより断然面白くなる」ことが身をもって体験してわかると，仲間と過ごす生活がかけがえのないものだという気持ちが生まれてくる。友達と一緒に過ごすことの楽しさを体験することも，健康の重要な一要素といえる。

幼稚園や保育所，認定こども園に入園し，自分の気持ちを外に表し，自分のやりたいことをやりきることから始まって，友達と意見がぶつかったり通じなかったり，わかってもらえない悔しさを味わい，けんかもし，年長になる頃には，相手の気持ちを感じとったり相手の立場に立って考えることができるようになってくる。子どもは園で，保育者との信頼関係に支えられて，「相手の気持ちも受け止め自分の気持ちも表現して友達関係を発展させる」という，仲間と生きる人間のあり方と生活を学んでいく。

6）幼児期は遊びを通して総合的に学ぶ時期―「いっぱいあそんで」

自分の頭で考え，自分の手と足と体を使って活動し，結果も責任も自分で引

き受け，喜びや悔しさなど豊かな感情体験を重ねていく。様々な自然と出会い感動する。様々な発見と工夫を通してイメージを形あるものにしていく。心と体を十分に動かして遊ぶことが，健全な発達と心身の健康をもたらす。

7）安全基地としての家族・家庭―「かえってくるね」

いつでも帰ることができ，いつでも温かく迎え入れてくれる「巣」があるからこそ，子どもは未知の世界に足を踏み出し挑戦と冒険を試みることができる。休息の場であり安心の場である家族や家庭があること，園においては担任保育者や自分のクラスの保育室が安全基地として機能していることが，心の健康を支えている。

この詩 (p.4) には，心と体の健康の基盤をなすものが，子どもらしい飾らない自然な言葉で表され，生き生きとした少女の姿が浮かび上がってくる。「健康」は，このような何気ない生活の中に存在するものだといえるのではないだろうか。

3．人権としての子どもの健康

日本国憲法 (1946 (昭和21) 年制定) 第25条には，「すべて国民は，健康で文化的な最低限度の生活を営む権利を有する」と，健康が私たちの基本的な生存権であることが記されている。また，児童憲章 (1951 (昭和26) 年) の冒頭には，「すべての児童は，心身ともに，健やかにうまれ，育てられ，その生活を保障される」と掲げられており，児童の基本的人権を尊重し，その幸福をはかるために大人の守るべき事項が記されている。この節では，人権という観点から，子どもの健康について考えてみよう。

（1）大人が子どもに保障するものとしての「健康」

第一次世界大戦後の1924 (大正13) 年，国際連盟は，戦火の下に家族や家を失い幸福で子どもらしい生活をも奪われた子どもたちに対して，「人類は，児童に対して最善のものを与える義務を負う」と，「ジュネーブ児童権利宣言」を採択し，子どもの保護と救済を各国に呼びかけた。この考え方を基礎として，

第二次世界大戦後の1959（昭和34）年，国際連合は，二つの世界大戦が子どもたちの幸福な生活を奪った反省にたって，「児童権利宣言」を採択し，子どもが幸福な生活を送り基本的人権と自由を享有する権利を有することを宣言した。その中では，「児童は，身体的及び精神的に未熟であるため，その出生の前後において，適当な法律的保護を含む特別な保護及び世話を必要とする」存在であるとされ，第4条に，健康に発育する権利が記されている。

> **第4条** 児童は，社会保障の恩恵を受ける権利を有する。児童は，健康に発育し，かつ，成長する権利を有する。この目的のため，児童とその母は，出産前後の適当な世話を含む特別の世話及び保護を与えられなければならない。

　二つの宣言では，子どもの健康は，保護と世話の責務を負う大人の側が保障するものであり，子どもは健康な生活を与えられる受け身的な存在として位置付けられていた。

（2）保障されるものとしての「健康」と主体的に生み出す「健康」

　「児童権利宣言」採択後も，貧困や飢餓，内戦や児童労働，環境汚染や家庭崩壊など，子どもの健康な成長を脅かす状況が世界の各地で生み出され続けてきた。そこで，より大きな法的影響力をもち，児童の権利を具体的な形で示すものとして，国際連合は1989（平成元）年に，「児童の権利に関する条約（子どもの権利条約）」を採択し，日本も1994（平成6）年に，この条約を批准した。

　この条約には，子どもに関係することを行うときには子どもの最善の利益を最優先すること（第3条），子どもの発達を可能な限り最大限確保すること（第6条）など，児童の権利を尊重する大人と社会の基本的な行動原則が示されているとともに，第12条には，子どもは自分に関係あることについて自由に自己の意見を表明する権利をもつことという，「意見表明権」が示されている。権利を享受するだけでなく自らの権利を行使するという，大人と対等な主体的存在としての子どものあり方が示されているといえる。

　この子どもの権利条約の基本的精神に則るならば，子どもの「健康」とは，保障されるだけのものではなく，子ども自身が，自分の心と体の健康な状態と

健康な生活環境を主体的に考え，選び，つくり出していくものであるといえるだろう。したがって，保育者が保育の場における「健康」を考える際にも，子どもの健康を保障する環境づくりや援助のあり方の追求だけでなく，子どもと一緒になって健康な生活をつくり上げていくことや，子ども自身が主体となって自分の健康な状態と健康な生活を生み出す力を育てることへの援助が求められるのである。

4. 領域「健康」において育むもの

（1）乳幼児期の教育・保育の考え方

　2018（平成30）年4月1日から施行された幼稚園教育要領，保育所保育指針，幼保連携型認定こども園教育・保育要領では，施設の種別を超えて，乳幼児期の教育・保育において育みたい事項の共通化が図られた。

　この三つのガイドラインの特徴は，①生きる力の基礎を育むため，乳幼児期の教育・保育において，「知識・技能の基礎」「思考力，判断力，表現力等の基礎」「学びに向かう力，人間性等」という資質・能力を一体的に育むよう努めること，②「幼児期の終わりまでに育ってほしい姿」を，領域のねらい及び内容とも関連づけながら10の姿として示したこと，③教育・保育のねらい及び内容を，乳幼児の発達の側面から，乳児は三つの視点として，幼児は五つの領域としてまとめ，幼児期を満1歳以上3歳未満と3歳以上の二つの発達段階に分けて示したことにある。「ねらい」とは，幼児が生活を通して発達していく姿を踏まえ，幼稚園教育において育みたい資質・能力を幼児の生活する姿から捉えたものであり，「ねらい」を達成するために教師が指導し，幼児が身に付けていくことが望まれるものが「内容」である。これらを幼児の発達の側面からまとめて五つの領域を編成したうちの，心身の健康に関する領域が「健康」である。この新たなカリキュラムの特徴に沿って，領域「健康」にかかわる事項をみていこう。

（2）「幼児期の終わりまでに育ってほしい姿」と健康

「幼児期の終わりまでに育ってほしい姿」とは，幼稚園，保育所，認定こども園における，ねらい及び内容に基づく活動全体を通して，乳幼児期に資質・能力が育まれている小学校就学前の幼児期の終わりの具体的な姿であり，保育者が指導を行う際に考慮するものである。

その10の姿のはじめに挙げられているのが「健康な心と体」である。

> 生活の中で，充実感をもって自分のやりたいことに向かって心と体を十分に働かせ，見通しをもって行動し，自ら健康で安全な生活をつくり出すようになる。

（3）「ねらい及び内容」における「健康」の扱い

1）乳児保育にかかわる「ねらい及び内容」

乳児期の保育にかかわる三つの視点のうち，身体的発達に関する視点として，「健やかに伸び伸びと育つ」という視点が挙げられている。

> 健やかに伸び伸びと育つ
> 健康な心と体を育て，自ら健康で安全な生活をつくり出す力の基盤を培う。
> ねらい
> (1) 身体感覚が育ち，快適な環境に心地よさを感じる。
> (2) 伸び伸びと体を動かし，はう，歩くなどの運動をしようとする。
> (3) 食事，睡眠等の生活のリズムの感覚が芽生える。

ここでは，心と体の健康は，相互に密接な関連があるものであることを踏まえ，温かい触れ合いの中で，心と体の発達を促すことの大切さ，遊びの中で自分からすすんで体を動かそうとする意欲を育てることの大切さ，健康な心と体を育てるために望ましい食習慣と生活のリズム形成の重要性が示されている。

2）1歳以上3歳未満児の保育にかかわる「ねらい及び内容」

1歳以上3歳未満児（ただし，認定こども園教育・保育要領では，「満」が年齢の前に付されている）の教育・保育に関する領域「健康」では，次に示す3項目のねらいと，7項目の内容が挙げられている。

10　第1章　領域「健康」の意味

> 健康　健康な心と体を育て，自ら健康で安全な生活をつくり出す力を養う。
> ねらい
> 　(1)　明るく伸び伸びと生活し，自分から体を動かすことを楽しむ。
> 　(2)　自分の体を十分に動かし，様々な動きをしようとする。
> 　(3)　健康，安全な生活に必要な習慣に気付き，自分でしてみようとする気持ちが育つ。

　ここでは，一人ひとりの発育・発達の状態や生活経験に配慮しながら，自ら体を動かしたり，身の回りのことを自分でしようとする気持ちを尊重することによって，意欲の育ちを大切にしていこうとする視点が示されている。また，気持ちよさ，楽しさといった生理的のみならず，心理的な「快」をも育もうとしている。

3）3歳以上児の保育（保育所，認定こども園）と幼稚園の「ねらい及び内容」

　保育所と認定こども園の3歳以上児，および幼稚園の領域「健康」のねらいと内容としては，3項目のねらいと10項目の内容が挙げられ，指導の留意事項として「内容の取扱い」6項目が示されている。

> 健康〔健康な心と体を育て，自ら健康で安全な生活をつくり出す力を養う。〕
> ねらい
> 　(1)　明るく伸び伸びと行動し，充実感を味わう。
> 　(2)　自分の体を十分に動かし，進んで運動しようとする。
> 　(3)　健康，安全な生活に必要な習慣や態度を身に付け，見通しをもって行動する。

　1歳以上3歳未満児の「ねらい」と比較すると，「自ら健康で安全な生活をつくり出す」という自覚をもち，見通しをもって行動しようとする力を育てることに力点が置かれている。

　この「ねらい」を達成するための指導事項（「内容」）として，次の10項目が挙げられている。

2　内容
(1)　先生や友達と触れ合い，安定感をもって行動する。
(2)　いろいろな遊びの中で十分に体を動かす。
(3)　進んで戸外で遊ぶ。
(4)　様々な活動に親しみ，楽しんで取り組む。
(5)　先生や友達と食べることを楽しみ，食べ物への興味や関心をもつ。
(6)　健康な生活のリズムを身に付ける。
(7)　身の回りを清潔にし，衣服の着脱，食事，排泄などの生活に必要な活動を自分でする。
(8)　幼稚園における生活の仕方を知り，自分たちで生活の場を整えながら見通しをもって行動する。
(9)　自分の健康に関心をもち，病気の予防などに必要な活動を進んで行う。
(10)　危険な場所，危険な遊び方，災害時などの行動の仕方が分かり，安全に気を付けて行動する。

　このように，領域「健康」のねらいは，子どもが自立した一人の人間として，自分の心と体の健康と健康的な社会生活を自らがつくり上げ，生涯を通じて保っていくことができるような，資質・能力を育てていくことにある。そのためには，十分な生理的基盤が保育者や周りの大人たちによって保障され，保育者らとの間の信頼関係を基盤として心の安定が保障されていることが不可欠であることはいうまでもない。生活リズムや基本的生活習慣の形成，食育，病気の予防など，家庭での生活経験や環境に配慮しながら連携・協力していく内容が挙げられているのも，領域「健康」の特徴である。

（4）保育所保育指針の養護における「ねらい及び内容」にみる「健康」

　保育所保育指針では，保育における養護とは，「子どもの生命の保持及び情緒の安定を図るために保育士が行う援助や関わり」であると説明し，養護にかかわるねらい及び内容を，「生命の保持」「情緒の安定」という二つの観点から示している。「生命の保持」にかかわる「ねらい」は，「健康」の領域と深い関連をもっている。

> **第1章　総則　2　養護に関する基本的事項**
> ⑵　養護に関わるねらい及び内容　　ア　生命の保持
> ㋐　ねらい
> 　①一人一人の子どもが，快適に生活できるようにする。
> 　②一人一人の子どもが，健康で安全に過ごせるようにする。
> 　③一人一人の子どもの生理的欲求が，十分に満たされるようにする。
> 　④一人一人の子どもの健康増進が，積極的に図られるようにする。

5. 領域「健康」と他の領域との関係

（1）領域の相互性と総合性

　各領域に示されている「ねらい」は，幼稚園や保育所，認定こども園の生活の全体を通して，子どもが様々な体験を積み重ねる中で相互に関連をもちながら達成に向かうものであり，「内容」は子どもが環境にかかわって展開する具体的活動を通して総合的に指導されるものであるので，保育における援助は，5領域に示された様々な側面を視野に入れて総合的に展開されていく。そのため，ある一つの「ねらい」を達成するために指導する事項として，領域を超えて複数の「内容」が関連性をもって存在しているという関係構造となっている。

　例えば，領域「人間関係」の「ねらい」には，「自分の力で行動することの充実感を味わう」，「社会生活における望ましい習慣や態度を身に付ける」というように，「健康」とよく似た表現がみられる。「人間関係」は，社会の中で周りの人と温かい気持ちで交流し支え合って生きるために，自立心を育て，人とかかわる力を養うことを目指す領域である。社会生活の基礎となる力を培うという点で，心の健康さや健康的な生活を目指す領域「健康」との間には，育てようとする心情，意欲，態度に重なり合う部分が多い。

　また，領域「環境」では，幼児期に自然と触れて遊ぶことの重要性が強調されている。「健康」においても，進んで戸外で遊び，自然に触れたり開放感を感じることの大切さが記されている。季節を全身で感じとってそれに応じた過

ごし方を体得していくことや，自然に触れて心がいやされていくことなど，相互の領域の「内容」に挙げられた指導事項が関連しながら総合的に達成されていく。

領域とはこのような相互性と総合性をもった，小学校以降の教科とは異なる教育課程の捉え方なのである。

（2）子どもの生活の基盤を支える領域としての「健康」

5領域の中でも「健康」は，これまで見てきたように，子どもの生活の基本的要素で構成されているので，他の領域に示された「ねらい」を達成するための基盤となったり，よりよいコンディションのもとで活動が展開されることを支えるなど，他の「領域」の土台のような役割を果たすという側面をもっている。心身の健康はすべての発達の基盤であり，領域「健康」全体が，幼稚園や保育所，認定こども園での生活，さらには乳幼児期の生活全体を支える基礎的事項で構成されているからである。

2017（平成29）年告示の保育所保育指針では，保育所保育の全体像を包括的に示すものとして，「全体的な計画」の作成が提言された。ここでは，保育指導計画とともに，保健計画，食育計画，防災計画など，保育所における子どもの健康と安全の土台となる計画の作成が求められている。健康にかかわる活動は，保育内容に留め置かれるものではなく，保育所の生活全体の中で展開されていくものといえる。

また，乳児期から3歳以上の「ねらい」まですべてに記されている「伸び伸び」という言葉には，十分に受容される中で自己を発揮し表現しながら生きる喜びを味わうことへの願いが込められている。このことは，他領域の「内容」も含めたすべての行動の前提であり，援助にあたって常に留意するものであるといえる。

6．小学校教育と領域「健康」の関連性

（1）学習のための基盤づくりとしての領域「健康」

1956（昭和31）年に告示された最初の幼稚園教育要領では，幼稚園の保育内容を小学校の教育内容との一貫性をもたせるために六つの「領域」が設定された。領域「健康」は，「健康安全な生活のために必要な日常の習慣を養い，身体諸機能の調和的発達を図る」ことを目指すものとされ，小学校の体育科の内容に対応する事項が多く定められていた。運動の種類や遊具・用具まで具体的に言及されており，小学校低学年の体育科の学習指導要領の中の運動遊びに関する内容とも類似していたため，教科的な指導をする幼稚園もみられた。

けれども，これまで述べてきたように，現在の領域「健康」は「体育」に発展していく運動遊び中心に構成されている領域ではなく，心の健康および社会的健康を重視し，安定した安全な生活を自らつくり上げていく力を培うことを目指している。したがって，幼保小連携という観点から見るならば，領域「健康」は，学習へ向かう積極的生活態度や活動意欲，生活習慣の確立という，小学校以降の学習の基盤となる生きる力を育て，健康な生活を自ら生み出していく力を育てることによって，小学校教育との円滑な接続をも促すという役割を果たしていると考えられる。

（2）小学校教育との円滑な接続の観点から捉える領域「健康」

2017（平成29）年告示の小学校学習指導要領では幼稚園教育要領，保育所保育指針，認定こども園・保育要領と同様に，幼児期と児童期の教育の連続性・一貫性を強調しており，幼児期の教育と，小学校低学年での教育の目標を「学びの基礎力の育成」と位置付けている。そのためには，お互いの教育を理解し，見通すことが必要であるため，「幼児期の終わりまでに育ってほしい姿」として10項目が示されている。幼児期の教育では，この姿がねらいおよび内容に基づく活動全体を通して育まれている修了時の具体的姿であることを踏まえて指導

6. 小学校教育と領域「健康」の関連性　　*15*

することを，小学校教育では，この幼児期の終わりまでに育ってほしい姿を踏まえた教育活動を実施することが求められている。

　「幼児期の終わりまでに育ってほしい姿」10項目のうちの「健康な心と体」として示された姿を共有しながら，発達の見通しをもって子どもを理解し，保育・教育の円滑な連携を図っていくことが，幼保小連携の課題である。

■引 用 文 献

1）江口篤寿：「健康の意義」小児科臨床Vol.49　増刊号学校保健，pp.75-80，日本小児医事出版社，1996
2）川崎洋編：あたまわるいけど学校がすき，p.28，中央公論新社，2002
3）日本小児保健協会：平成22年度幼児健康度調査，日本小児保健協会，2011

■参 考 文 献

文部科学省：幼稚園教育要領，2017
厚生労働省：保育所保育指針，2017
内閣府・文部科学省・厚生労働省：幼保連携型認定こども園教育・保育要領，2017
子どもと保育総合研究所編：最新保育資料集2017，ミネルヴァ書房，2017
小田豊・榎沢良彦編：新しい時代の幼児教育，有斐閣，2002
文部科学省：子供たちの未来を育む家庭教育ホームページ，http://katei.mext.go.jp/，2017.12
厚生労働省：健やか親子21（第2次）ホームページ，http://sukoyaka21.jp/，2017.12

第2章
健康にかかわる子どもの生活実態

　子どもを取り巻く環境は著しく変化し，乳幼児の育ちに様々な問題を投げかけている。2005（平成17）年1月の中央教育審議会答申「子どもの育ちの現状」の中でもすでに「近年の幼児の育ちについては，基本的な生活習慣や態度が身に付いていない，他者とのかかわりが苦手である，自制心や耐性，規範意識が十分に育っていない，運動能力が低下しているなどの課題が指摘されている」と，述べられている[1]。こうした現状は，現在でも保育者間でよく取り上げられる問題である。そこで，ここでは心身の健康という面に視点をおいて子どもの生活実態とその背景について考えてみる。

1. 遊　　び

（1）子どもの遊びの傾向からみえるもの
1）疲れやすい子ども
　完備された園庭で，数人の子どもが隅の方で固まって砂遊びをしている。砂遊びといっても砂遊び場で体をダイナミックに使って楽しそうに遊んでいるといった遊び方ではない。ただ，なんとなく砂をもてあそんでいるといった感じである。保育者が「もっと広い場所で遊んだら楽しいよ」と声をかけると，「ここでいいの，疲れるから」という返事が返ってくる。こうした子どもの動きを追ってみると，あまり体を動かさない遊びを繰り返している。入園当初ならまだ環境に慣れていないので，そっと見守ることもあるが，いつになってもなかなか動き出さない子どもはとても気になる存在である。

また，保育者が子どもに興味のありそうな鬼ごっこを導入しても，参加する子どもは少数で「もう，やめる。疲れたから」と遊びから抜けていく子どもの姿がみられる。十分に遊びの面白さを体感しないままに遊びが終わってしまうという傾向もある。

２）外遊びをしたがらない子

最近の子どもには，外で遊ぶことをあまり好まない傾向がみられる。天気の良し悪しに関係なく，室内での遊びを楽しんでいる。保育者が「今日は良いお天気だから，外で遊びましょう，気持ちがいいわよ」と声をかけても「私はお部屋がいいの」といって一日の大半を室内で過ごす子どももいる。代表的な遊びとしては，ままごと・折り紙・描画・絵本（図鑑を含む）を見る・紙材を使った製作などである。男女を問わずあまり体を動かさずに遊べるもので満足している。理由を尋ねると「外は暑い（寒い）から，お部屋の方がいい」というわけである。

３）長続きしない子ども

園庭で子どもたちが仲間を誘い合って，忍者ごっこを楽しんでいる。背中に新聞紙で作った剣を差し，折り紙の手裏剣をポケットに入れて，格好もよく，いかにもテレビのヒーローになりきって遊んでいる。リーダーの合図で遊具の陰に隠れたり，雲梯を渡ったりして仲間との遊びを楽しんでいるようである。しかし，しばらくすると，せっかく自分たちで仲間を誘って遊び始めたのにもかかわらず「面白くないから」といって黙って仲間から抜けてしまい遊びが収束してしまう。保育者が遊びの立て直しを図ろうとするが，なかなかまとまらず，中途半端な気分が残っていく。

上記の事例は，病気がちな特別の子どもではなく，ごく普通の子どもの姿である。もちろん，元気いっぱい外遊びを楽しみ，仲間と思いっきり体を使って遊んだり，心身ともに安定感をもって，意欲的に活動している子どもが大半ではあるが，どの事例も年齢を問わず日常見られる遊びの傾向を挙げたものである。こうした子どもの姿を追ってみると，徒歩による園外保育や遠足なども，

友達と並んで歩くことを苦手とし，「疲れた」を連発する。また，走る・跳ぶ・ぶら下がる・よじ登るなどの体を動かして遊ぶ活動には自分からやろうとする意欲に欠けたり，遊びが長続きせずに，仲間から離れがちになったりする。

また，遊びに使う大型遊具の準備や片付けなども手足に力が入らず，筋力の育ちの弱さが目立つ。

では，事例で見るこうした子どもを生み出す原因はどこにあるのだろうか。その背景について考えてみる。

（2）社会的背景

1）子どもの育ちをめぐる環境の変化

少子化・核家族化・都市化・情報化・国際化などの急激な変化を受けて，子どもを取り巻く地域社会の情勢が著しく変化している。特に，子どもが成長し自立する上で不可欠な遊びの環境に大きな影響を及ぼしている。

子どもから，遊ぶ仲間や遊ぶ時間，遊び場（空間）が著しく減少し，遊べない子，遊ばない子が現れている。子どもは同世代の仲間の中で，他者とかかわり，互いに認め合い，励まし合い，共感し合いながら相手のよさに気付いたり，自分を十分に発揮していく。また，他者とのかかわりの中で，葛藤や挫折を繰り返しながら成長し自立していくのである。

また，遊びを通して様々なことを学びとって成長する子どもにとって遊ぶ時間も保障されにくい現状である。降園時に「○○ちゃん，家に帰ってからまた遊ぼう」ではなく，「○○ちゃん，きょう遊べる？」と友達の様子をうかがっている子どもの姿はめずらしくない。

2）自然体験の減少

何といっても大きな変化は，子どもから遊び場が奪われたことである。高層住宅の立ち並ぶ都市型住宅には，確かに完備された公園ができている。しかし，子どもにとっては，雑草が生えていたり，虫のすみかがあったり，自然木があったりと好奇心や探究心をかりたてる素朴な自然体験が必要なのである。

自然の中で，四季を体感し，五感（見る・触れる・聴く・嗅ぐ・味わう）を

通して自然の魅力を十分に実感する機会と場を保障したい。

3）車社会がもたらす運動不足

　車社会は，子どもの体力を低下させ，体を動かすことを好まず，ぶら下がる・よじ登るなどの運動遊びでは自分の体を支えられずに，すぐにあきらめる子どもが目立つ。さらに，爪先立ちで跳ぶように歩き，踵（かかと）をしっかりと地につけて歩けない子もいる。いずれの子も入園前に歩く経験が少なく，家の中ではひとり遊びをし，戸外ではほとんど車の移動で過ごしていたようである。

（3）幼稚園や保育所，認定こども園での取り組み

　以上，遊びを通して子どもの現状を取り上げてきた。生きる力の基礎となる心身の健康面では，まず，「体を動かすことの喜び」を実感させる必要があるのではないか。子どもが自ら戸外に興味・関心を抱き，心動かす魅力ある遊び（エネルギッシュな手応えのある遊び）があったら，全身を使って遊び，自然の風を肌で感じ，快い汗を流し，仲間とともに満足感に浸ることができるであろう。そのためには，①保育者が心身ともに健康ではつらつとした姿で子どもとかかわること，②園庭が清潔で安全であること，③樹木や花壇の草花など四季折々の自然が用意されていること，④子どもがいろいろにイメージしたり，挑戦したりして遊べる遊具があること（子どもの創造（想像）力をかきたてるもの）等が挙げられる。

裸足で遊ぶ子どもたち

遊びを創る子どもたち

2. 習 い 事

　遊びの項でも述べたように降園時の子どもの会話に「きょう，遊べる？」「遊べない。水泳教室だから」というように，子どもたちも毎日忙しい生活を送っている。習い事については，地域の事情によってその差は大きい。

　例えば，教育熱心なある家庭の子どもは，降園後1週間の半分をピアノ・水泳・英語教室で過ごし，休日は翌週のために復習をするという過密なスケジュールである。そのためか園での遊びは，集中力に欠け，家庭で示す態度と園で見せる態度に差があり過ぎると，ある保育者はいう。子どもたちにとって，今，何を大事にしなければならないかを幼稚園や保育所等と家庭とが互いに連携し合って考えていかなければならない。

　現在，習い事の種類は音楽系のもの，学習系のもの，体育系のもの，茶道や華道など多岐にわたっている。

（1）保護者が子どもに習い事をさせる目的

　保護者が子どもに習い事をさせる目的は，各家庭によって異なる。主なものを挙げてみると次のようである。

・自分が習いたかったができなかった。自分が習っていてよかった。

・楽器（ピアノ・エレクトーンなど）・踊り（バレー・日本舞踊など）等の芸能技術の習得は早期がよいといわれているから。

・子どもが好きだから。やりたがっているから。兄姉が習っている（習っていた）から同じようにさせたい。

・近所に友達がいないから。内気だから。

・水泳・体操教室等の場合は，体力の増進や集団行動に慣れるから。小学校の体育につながるから。健康上の理由から。

・幼児教室や英語教室は将来役に立つから。

・親子で一緒に楽しめるから。　など

（2）保護者が子どもに期待するもの

　保護者が子どもに期待するものも目的と同様に各家庭の考え方によって異なる。特に，技能や能力の習得は，子どもの才能の発見や伸長を期待している保護者が多い。また，幼児教室や英語教室は今後，必要だから，役に立つからと過度の期待をかけている保護者も少なくない。

（3）子どもにとっての意味

　保護者は子どもの幸せを願って，習い事は早い方が早く身に付くから，子どもの将来にとって何かの役に立つから，落ち着きがないから集団の中で集中力を高めさせたいから，とたくさんの願いを込めて放課後，子どもを習い事に送り出している。子どもも保護者の願いを一身に受けて通い続けている。だが果たして，子どもは本当に喜んで通っているのであろうか。

　年長児クラスの部屋で保育者が絵本を読み聞かせている。皆が熱心に聞き入っている中でA子は指先をしきりに動かしている。時々，指先に目を落として何かを確かめているようである。あとでA子に聞くと「きょう，ピアノのレッスンがあるの」とのこと。すると，絵本に関係なくA子の頭の中は，きょうのレッスンのことでいっぱいだったようである。絵本の楽しい世界に浸り，友達と楽しい時間を共有することができなかったのではないか。あとで，絵本からのイメージをもとにごっこ遊びが展開されたらA子は遊びに参加することもできず，仲間関係にも影響が出そうである。年長児にとって，友達とのかかわりの中で，互いに自分の考えを出し合って遊びを楽しく進めていくことが発達にとって大切なことであろう。

　有名私立小学校の受験シーズンになると学習塾へ通う子どもが増えてくる。そのため，子どもが急に落ち着かなくなるというのは保育者がよく経験することである。ようやく友達との遊びが面白くなり，じっくりと取り組んでいた子どもが遊びに集中しなくなったり，時々，大声を出して友達を驚かせたり，と情緒不安に陥ってくる場合がある。保護者の期待がプレッシャーとなり，自分自身を失いかけてくるようだ。子どもにとって，今まで生活を共にしてきた友

達と別れて特別なことをすることはおそらく理解できないことであろう。

　一人ひとりの子どもにとって，何が大切か，保護者として見極めていく必要があろう。課外教室としての習い事は，まず，子どもが興味をもって楽しんで参加することが大切である。子どもが意欲を失うような過度の期待をかけたり，地域の仲間や家族とのかかわりの時間を大切にし，外遊びに夢中になっている子どもを無理に室内に閉じ込めることのないようにしたい。習い事は，繰り返し時間をかけてこそ身に付いていくものであるので，落ち込んでいるときには支え合い，共感し合って見守ってやりたいものである。

　また，健康を目的とするスポーツ教室にもいろいろな教室がある。子どもの体に負担がかかり過ぎて疲れが翌日の活動の妨げになったり，あまり高度の技術を要求されて意欲を失ったりすることのないように留意したいものである。身体諸機能が著しく発達する幼児期こそ十分な時間と遊び場を保障し，外遊びを楽しみ，仲間とのかかわりの中で，体を動かすことの喜びを体感させたい。

3. 食 生 活

　日本人の食生活は，戦後，大きく変わり，どこへ行ってもスーパーや百貨店などの食料品売り場は食品があふれ種類も豊富である。また，ほとんどの食品が冷凍食品として販売され，手軽に食することができる。さらに，ファミリーレストランなどの店舗も多く，いつでも食事を楽しむことができる。

　子どもにとって楽しみなおやつにしても，テレビのコマーシャルをきっかけとして子どもが思わず欲しくなるようなかわいいデザインの袋菓子が売り場のあちこちに所狭しと山積みされている状況である。

（1）子どもの食生活の現状

　最近の子どもたちは食品に囲まれて育っているといっても過言ではない。その多くの食品は糖分の多い清涼飲料水や塩分の多いスナック菓子，高コレステロールや中性脂肪の多い揚げ物など，どれも子どもの好きな食品ばかりだ。

3. 食 生 活　23

　電車や街角で見かける子どもたちは，片手にスナック菓子，片手に清涼飲料水といった姿で場所も時間も関係なく，常に口を動かしているといっても言い過ぎることがないほどである。一緒にいる親も特に注意することもなく，食べているときは静かにしているので放任の状態であることが多い。これでは，子どものうちから生活習慣病に罹りかねない。

　一方，主食に関しては，幼稚園や保育所等の昼食時を覗いてみると，食欲旺盛の子と少食の子に大別することができる。食欲旺盛の子は体もよく動き，遊びを十分に楽しんでいるが，少食の子は体も細く，食べる時間も長い傾向がみられる。家庭から持ってくる弁当には子どもが喜んで残さず食べられるように食品のバランス，色取りも工夫されている家庭がある一方，野菜嫌いだから幼稚園や保育所等でなんとかしてと言わんばかりに食べにくい野菜が詰められている家庭もあり，これでは食欲も半減してしまう。また，ますます野菜嫌いになってしまいそうである。

　子どもの好きな食べ物をうまく言い表している文があるので紹介する。
　オ：オムレツ　カ：カレー　ア：アイスクリーム　サン：サンドイッチ
　ヤ：ヤキソバ　ス：スパゲッティ　メ：メダマヤキ
　それぞれの頭文字をつなげていくと，「おかあさんやすめ」となる。多忙な母親を気遣ってまとめられているが，実はどれも手間をかけない手軽で便利なもの，インスタントやレトルト食品などである。

　栄養バランスのとれた食べ物は子どもの心身の発育にとって欠かすことのできないものであるだけに，生活の利便性を追う現在の食生活について十分に考えなければならない問題である。また，食物アレルギー体質の子どもが近年は増えている。その他食の問題は，残留農薬や食品添加物，合成着色料等々，枚挙にいとまがない程である。

（2）食の進まない子

　子どもにとって「食べる」ことは何よりも楽しいことであるはずなのに，食べることにあまり興味を示さない子どもがいる。「食べたくないから」「お腹が

すいていないから」とか，ただ「なんとなく食べたくない」と言う。家庭でもあまり食が進まないようである。

　しかし，一方では，「入園前，家庭では食が細かったが幼稚園にいってからは，夕食の支度が間に合わないくらいによく食べるようになった」という連絡を受けたりする。幼稚園や保育所等は子どもにとって遊ぶ時間・場所・仲間もしっかりと保障され，自分からのびのびと活動できることが食欲の増進につながったのであろう。

　身体が著しく発育する時期だけに，「食」への興味付けを工夫したいものである。例えば，N幼稚園では，昼食時，天気のよい日は，園庭にござを敷いて異年齢の友達とよく会食をする。すると，室内ではあまり食の進まない子どもも大勢の友達に囲まれて楽しそうである。残さずに食べたあとの笑顔が印象的である。時々，こうして環境を変えてみることも必要である。

　また，「食」への関心は，子どもにも簡単にできる野菜の栽培を試みることも有効な手段の一つである。ミニトマト・小松菜・赤かぶなどは生長も早く，収穫時に満足感の得られやすいものである。特に，野菜嫌いの子どもも自分で世話をして収穫した実感があるだけに嬉しそうに食べている。このことをきっかけにして少しずつ野菜嫌いもなくなり，「食」への関心も増していくのではないか。実際にこうした取り組みをしている園も多い。

戸外でのお弁当

自分で栽培した赤かぶ

4. 生活のリズム

　子どもの生活リズムは，保護者の生活と深いかかわりがある。社会環境の著しい変化に伴い，女性の社会進出・住宅事情による遠距離通勤等，日常において子どもと接する時間が大幅に減少している。こうした保護者の生活が子どもにどのような影響を与えているのだろうか。

（1）夜型の子ども

　最近，幼稚園や保育所等でも朝の登園時刻に間に合わず，遅刻して来る子どもが目につく。「夜はいつまでも起きていて朝方ようやく眠りにつくのでかわいそうだからそのまま寝かせている」。また，「午後10時や11時という子どもの就寝時間でも街中のコンビニエンスストアやレンタルビデオ店に親子の姿がみられる」など，大人の生活時間に子どもが行動を共にしていても，子どもの睡眠時間にあまり関心を示す様子もみられない。

　近年は，幼児の就寝時刻は早まる傾向がみられるが，それでも四人に一人は，平日夜10時以降の就寝時刻となっている[2]。昔から「寝る子は育つ」という 諺があるように，子どもの成長にとって十分な睡眠が必要であるのはいうまでもない。睡眠は，体を休めるだけではなく，成長ホルモンの分泌も盛んに行われているのである。夜型の子どもは，昼はあまり体温が上がらず，午前中は元気がなく何となくだるそうにしている様子が目立つ。

　人間にとって，朝はさわやかに起き，夜はぐっすりと眠れることは健康な生活を送る上で必要なことである。特に，成長著しい子どもにとって周囲の大人が十分に気を付けなければならない問題である。

（2）不規則な食事時間

　生活のリズムを崩しているものに食事時間の不規則さが挙げられる。朝ご飯を食べずに登園する子ども，好きな菓子を食事の代りに食べながら来る子ども

がいる。家庭によっては，帰宅の遅い保護者の帰りを待って夕食をとるために子どもの生活リズムとずれがあり，子どもは食べたり食べなかったりと不規則な生活を余儀なくされている。主食である食事が適切に与えられていないため，体力は低下し，日常の活動にも活気がみられない子どももいる。主食と間食のバランスがとれず，子どもの自由に任せている家庭もみられる。

　一家団らんの楽しい食事は食欲を刺激し，食生活や生活のリズムをつくっていく。家族が揃う休日には，一緒に食事をし子どもたちの話をじっくり聞いてあげる時間をつくりたいものである。

（3）テレビ，DVD等の視聴時間

　ある民間の調査[2]によると，乳幼児のテレビの1日の平均視聴時間は約106分，DVD等が約65分との結果が報告されている。また，1日2時間以上テレビを見ている割合は約5割，DVD等は約2割となっている。10年前に比して若干減少はしている。なお，一人でテレビを操作できる割合は，3歳児で5割を超え，4歳児で8割，6歳児では95％にのぼる。

（4）規則正しい生活

　子どもの健康にとって，バランスのとれた食事・適度な運動・十分な休養は三本の柱といわれている。朝，昼，夕と3回の食事を規則正しくとる，昼はよく遊び，夜十分に睡眠をとることによって，朝の目覚めもさわやかになる。子どもにとっての快い生活のリズムを保障してあげたいものである。

5. 心の問題

　子どもたちは，周囲の大人たちの温かい愛情に支えられて，のびのびと活動し，自己を十分に発揮して成長に必要な経験を積み重ねていく。こうした経験の中には，不安や緊張もあり，仲間との葛藤や挫折もある。しかし，それらを温かく見守ったり，励ましたりしてくれる大人がそばにいてくれることによっ

て，自ら周囲の環境にチャレンジしていく。子どもを取り巻く環境，特に，人的な環境の果たす役割は大きい。この場合，家庭では保護者であり，幼稚園や保育所等では保育者の存在が子どもに与える影響ははかり知れない。

（1）子どもに見られる退行現象

　子どもの情緒不安の一因に弟妹の誕生がある。「もうすぐ，お兄ちゃん（お姉ちゃん）ね」と言われても，実際にどのようになるのかわからない不安が付きまとう。また，弟妹の誕生を迎えて周囲の大人たちが喜んでいるのを見るにつけ，自分の思うようにならないショックははかり知れないものがある。この時期，急に母親に甘えたり，自分でできることもやろうとしなかったり，頻尿になったりなど，赤ちゃんがえりといわれる退行現象が生じることがある。したがって，この時期はできるだけ子どもとのスキンシップを図ることが大切である。やがて，次第に状況を理解し，再び元気を取り戻すようになってくる。

（2）保護者がかかえる問題

　朝，保育者は子どもの健康観察から一日がはじまる。子どもの表情や顔色，声の張りや目力などから心と体の健康をチェックする。心の問題では，親子関係，夫婦関係などの家族関係が深くかかわっている場合が多い。このような問題では，子どもが急に腹痛を訴えたり，喘息のような症状を起こしたりして保育者を慌てさせることもある。しかし，保護者の問題が子どもの心の問題として認識されていないことが多い。また，幼児虐待問題も深刻な問題である。

　子どもの心の問題は，保護者，幼稚園や保育所等，保健所や子どもセンター，小児科医等が互いに密接な連携を取り合いながら解決していかなければならない問題であろう。

■引用文献
1）中央教育審議会答申「子どもの育ちの現状」，2005
2）ベネッセ教育総合研究所：第5回幼児の生活アンケート報告書，2016

第3章
子どもの心身の健康

　2017（平成29）年告示の幼稚園教育要領，保育所保育指針，幼保連携型認定こども園教育・保育要領（以下「幼稚園教育要領等」とする）の領域「健康」では「健康な心と体を育て，自ら健康で安全な生活をつくり出す力を養う」と述べられている。子どもが幼稚園生活を送る中で「子ども自ら」が自身の健康や安全に気を付けて生活できるような力を身に付けることを目標としているのである。ここではその子どもの心身の健康の基盤となる養育者[*1]や保育者の役割についても考えていくことにしよう。

1. 心と身体の関連

　心と身体は切っても切れない関係にある。特に幼い子どもにあっては，大人以上に心と身体の問題を切り離して考えることはできない。ここではその前提に立って，現代の子どもがおかれている生活の状況と身体および心との関係をみていくことにする。

（1）子どもの生活を取り巻く環境
1）低い乳児死亡率
　わが国の乳児死亡率[*2]は2019（令和元）年には1.9であり，世界各国の中でも最も低い率となっている。だが，翻って歴史的にみてみると，明治・大正・昭

＊1　養育者：子どもを主に養育する人をさす。母親のみに限定されない。
＊2　乳児死亡率：1年間の1歳未満の死亡数÷1年間の出生数×1,000

和初期においては現在の発展途上国並みの高率であった。わが国の乳児死亡率が2けた台になったのは1940 (昭和15) 年のことであった。それから30数年をかけてその率を1けた台に下げたのが，1976 (昭和51) 年のことであり，以後20数年をかけて3.0にまでなり，さらに現在の数字になったのである。

少子化時代とはいえ，わが国でこの世に生を受けた子どもたちのほとんどは1歳の誕生日を無事迎えられるということをこの数値は示している。これは小児医療の進歩によるところが大きい。

2）環境問題と子どもの生活

このように，医療の進歩により乳児死亡率は減ったものの子どもたちが将来にわたって健康に過ごすことを保障できる世の中になっているかというと決してそうとは言い切れない。環境問題一つをとっても，環境汚染は地球規模で深刻である。乳児にとってなくてはならない母乳もダイオキシン汚染*などにさらされ，決して安全ではないという状況にある。その他にも紫外線，大気汚染の影響，食品添加物やたばこの害など，子どもに限らず人間が健康を損なうおそれのある有害物質はたくさんある。

科学の進歩は乳児死亡率を低下させたが，一方同じ科学の進歩が自然にない有害物質を生み，人間の生活を快適にするために進んだ工業化もまた二酸化炭素の過剰排出による地球温暖化を促進した。このように人間が生涯にわたって健康な生活を営むことを阻む要素もまた増加したのである。

命をながらえるという意味での身体の健康は，医療の進歩により大方保障されるようになってきたといえよう。しかし私たちの毎日の生活において，特にまだ発達途上の子どもにあっては，取り巻く環境の悪化がどの時代にも増して大きな脅威となっているのが現状である。

---

* ダイオキシン汚染：ダイオキシンは人工の環境ホルモンの一種。毒性が強く，母乳を介して赤ちゃんに影響を与えることもある。

30　第3章　子どもの心身の健康

（2）子どもの生活と心身の健康

1）心の安定

　どんな時代にあっても，子どもの育ちを支える基盤となることは「心が安定」しているということである。「心の安定」があれば，子どもたちは安心して自分から様々なことに挑戦していくことができる。では，この心の安定は何を基盤に育つのだろうか。生後半年に満たない赤ちゃんが泣く場合を例にとって考えてみよう。

　赤ちゃんの泣き声を聞くとたいていの大人は居ても立ってもいられない気持ちになる。そしてその赤ちゃんに近づき「お腹がすいたのかな」「おむつが汚れたのかな」「遊んでほしいのかな」と考え，母乳やミルクを与えたり，おむつを替えたり，あやしたりと，泣きがおさまるように一所懸命世話をする。家庭や保育所等の養育者は赤ちゃんが泣く度にこれらのことを繰り返しながら赤ちゃんを育てていく。この繰り返しの中で赤ちゃんは，自分が不快になって泣くと「たいてい決まった大人」がやってきて，声をかけながら自分の不快を取り除いてくれることを知っていく。

　これは赤ちゃんの大人に対する信頼感を育てる基本となる。一方，もしこの泣きのときに養育者が適切な対応をせずに放置することが続くと，赤ちゃんは「泣いても無駄」であることを学び，大人に対する信頼感は育っていかない*。この乳児期の「信頼感」の育ちが子どもの「心の安定」の基盤となるのである。

　家庭から初めて離れる保育所・幼稚園・認定こども園（以下「園」とする）へ入所・入園するときには，そこでの担当保育者がしっかりと子どもを認め，安心できるように心を砕くと，子どもは園でも「心の安定」を得て安心して生活できるようになっていく。

2）意欲・好奇心の育ち

　先にも述べたように，園でも心の安定が得られると，子どもは自ら自分を取

＊　もちろん養育者は赤ちゃんのすべての要求に応えられるわけではない。例えば夕食の支度で忙しい場合，あるいは洗濯物を干している最中などは，手が離せないのでいかれないこともある。この適度の放置は赤ちゃんの「信頼しすぎ」の状況を防ぎ，ある程度の「用心」の必要性を学んでいく。

り巻く世界に積極的にかかわっていくようになる。3歳児の生活発表会の様子から，心の安定を得られた子どもがどのように意欲をもって活動に取り組んだかをみていくことにしよう。

事例3-1 「おやつ」を置く係をしたい！

　ジュンヤは3月生まれ。3歳になったばかりで幼稚園に入園したが，登園を渋ることはほとんどなかった。しかし2学期になって他の子どもたちが活発に遊び始め，友達同士遊ぶ場面も多く見られるようになっても，保育室にじっとたたずんで，他の子どもたちのしていることを「見るだけ」で一日が終わってしまうこともよくあった。担任とはよくおしゃべりを楽しむなど，安定して過ごしてはいた。やがて3学期に入り，3歳児も生活発表会を行う時期が近づいてきた。この園の3歳児の生活発表会は，保護者の方とともに，子どもたちの一年の成長を喜び合う会という意味をもっている。保育室ではなく，少し広めのプレイルームに保護者を招待して，今まで3歳児が遊んできた劇ごっこや，歌を楽しむというものである。劇ごっこは『しんせつなともだち』*を題材にしたものである。子どもたちはそれぞれ好きな動物になって「おやつ」を友達の動物に届けるというストーリーであった。ジュンヤは初めはやらないと言っていた。しかし大好きな担任と話したり，劇をみているうちに「おやつを置く係をしたい！」と言って，発表会当日はおやつ運び係を買って出て，恥ずかしそうにではあったが，その役を楽しそうに演じた。

　3学期になるまでは，ほとんど他の子どもたちのすることをじっと見続けたジュンヤであったが，その間に担任との信頼関係ができ，ついに話し合いが成立して，自ら買って出た役を楽しそうに演じたのである。これは，焦らずにじっくりとジュンヤとの信頼関係を構築していった担任がいたことで，心の安定したジュンヤの意欲がクラスの活動に自ら参加するという嬉しい結果を招いた例といえる。

＊　方軼羣著・君島久子翻訳・村山知義絵：しんせつなともだち，福音館書店，1965

2. 基本的生活習慣や態度の重要性

（1）生活リズムと心身の健康

1）遅い就寝時間

　子どもが毎日規則正しい生活リズムをもって生活することは，子どもの心身の健康の上でとても大切なことである。しかし，現代は子どもたちがそのリズムを整えにくくなっている。第2章でも触れたが，その最たるものが子どもたちの就寝時間である。それも園に入る前の1，2歳児で就寝時間が遅い夜型の子が目立ち，就寝時間が午後10時を回っている子どもも相当数いる。その上，この年齢の大方の子どもたちが午前7時台に起床しており，年齢の割に睡眠時間が短いことも指摘されている。

　では子どもが寝不足の状態で園に登園するとどのようなことが起こるのだろうか。まず，園に登園してもボーッとしていて，なかなか遊びを始めることができない。さらに眠いので機嫌も悪く，不必要なけんかが増えるということになる。起床が遅くなると，登園時間までの時間的余裕が少なくなり，子どもによっては朝食抜きで登園することになる（なんとなく顔色が悪かったり，機嫌が悪い子どもに「朝ごはん食べてきた？」と聞くと「ううん」という答えが返ってくることも多く，そんなときは園でとりあえず軽食を与えることもある）。

　入園後，なんとか遅い就寝時間を改めようと努力する保護者も多い。だが，子どもの就寝時間の遅い保護者に話を聞いてみると，こんな答えが返ってくることがある。「わが家は夫の帰りが11時をまわるので，たとえ子どもがそれまで寝ていても，必ず起こして一緒にお風呂に入ってもらう。夫は朝も早く帰宅も遅いので，この時間を逃すと子どもと一日中会わないことになる。こんな状態は家族ではないと考え，せめて寝る前には一緒に過ごすようにしている。夫も仕事のストレスは子どもをみるとどこかへ飛んでいくと言っている」。このような事例は現在では特別ではなくなってきている。

2）月曜日シンドローム

　園ではよく「やっぱり。今日は月曜日だからね」と保育者がうなずき合うことがある。「今日は，ほんとうに荒れた一日だった」と保育者がため息まじりに職員室に戻ってくるのも月曜日であることが多い。どうして月曜日なのだろうか。子どもたちの生活を一週間単位で見てみると，月曜日から金曜日までは園で過ごし，朝も比較的早く起きなくてはならないので，一日が規則正しく始まる場合が多い。しかし，週末はどうしても大人主導の時間に子どもが合わせることになり，これがときに子どもの生活リズムを狂わせることになる。夏休み，冬休み，春休みなど比較的長い休みの後も，生活リズムの不調から子どもらしい活発さがみられないことがある。また，必要のないけんか，あるいはけがが多くなりやすい。もちろん，それぞれの家庭の個性もあるので，園での生活リズムを保護者に押しつけることはできないが，「子どもにとって，無理なく自然な生活リズム」が大切であることを折に触れて伝える努力は怠りたくない。

3）生活リズムを整える大切さ

　子どもは幼ければ幼いほど自然に近い存在であるといえる。そうした子どもが活動しやすい生活リズムを園と家庭が協力して整えることが，現代では大人に課せられた課題でもあるといえる。

　生活リズムが整っている子どもたちは，また自ら自分の体調の不良に気付きやすくなる。「自分の身体は自分で守る」ということの基礎を築くためにも是非，このリズムを整えることが大切である。

（2）生活習慣と心身の健康

1）規則正しい生活習慣の重要性

　規則正しい生活習慣をもつことは，人間が人間らしく健康に生きるための基盤となるものである。生活習慣の大切さと恐ろしさは，成人の生活習慣病に思いを巡らせてみればすぐにわかることである。では，子どもにとって大切な生活習慣とはどのようなものをさすのであろうか。まず眠ること，起きることに関する睡眠，食事，排泄，清潔を保つこと，衣服の着脱などが挙げられるだろ

うか。幼児期にはこのすべてを子どもたちが自ら行うのは難しい。保育者は手を貸しつつ，徐々に子ども自らが行えるような心配りが重要である。

２）生活習慣を身に付けさせるための保育者の援助

　"心配り"と書いたが，では子どもたちに規則正しい生活習慣を身に付けさせるためには，保育者はどのような援助をすればよいのだろうか。いくつか例を挙げてみよう。

　例えば睡眠の場合，「さあ，寝なさい！」というだけでは子どもはなかなか寝つけないであろう。しかし，乳児ならば添い寝をしたり，もう少し大きくなったら就寝前の「ベッドタイムストーリー」の時間をとって「素話」をしたり「絵本やおはなしを読む」ことなど，眠りに入る前の不安な時間を養育者とともに過ごすことで，子どもたちは安心し，穏やかな時間の中で眠りにつくことができる。また食事は「生きる」ためには欠くことのできない能動的行為である。この時間をいかに楽しく満足のいくものにするのかは，ひとえに養育者の考え方にかかっている。

　食事は家庭や園の文化を反映するものでもあるが，ある園では２歳児の昼食の時間に保育者がほとんど子どもたちに話しかけず黙々と食事をとることをよしとしていた。確かに「食事の時間に話すことは行儀が悪い」という文化が我が国には存在する。これもひとつの園文化かもしれない。しかし，楽しく食事をとることが消化作用を活発化すること等も勘案すると，幼い子どもたちの食事場面では保育者が楽しい雰囲気で会話をかわしながら一緒に食べることが，子どもたちの食べることへの意欲につながっていくことも忘れてはならない。

　ところでこの食事に代表される「食」に関しては2005（平成17）年に「食育基本法」が制定され，翌年には「食育推進基本計画」が決定された（2017年現在「第３次」）。食育基本法では，「食育を，生きる上での基本であって，知育，徳育及び体育の基礎となるべきものと位置付けるとともに，様々な経験を通じて「食」に関する知識と「食」を選択する力を習得し，健全な食生活を実践することができる人間を育てる食育を推進することが求められている」としている。「食育」がクローズアップされた背景には人々のライフスタイル，価値観や

ニーズが多様化し，食生活およびこれを取り巻く環境が変わってきたことがある。つまり毎日の「食」の大切さに対する意識が希薄になってきている現状があり，家族が食卓を囲んだ楽しい食事というような「健全な食生活」が失われつつあることへの危機感がこの法律制定の背景にあるというよう。

　保育者にはこのような背景を理解し，今まで以上に子どもたちが「食」を大切にしながら育っていかれるようにと願いつつ保育を進めることが求められている。幼稚園教育要領等においても食育の重要性が示されている。

　排泄の習慣，清潔の習慣，衣服の着脱についても初めのうちはほとんど大人の手助けがいる。排泄の習慣でいえばおむつを替えてもらうことが「気持ちよさ」につながるという経験を子ども自身が積んでいくことが大切である。そのことが，その後のトイレットトレーニングを子どもたちが積極的に取り組めるかどうかを左右するともいえる。清潔の習慣も衣服の着脱も大人とともに共同作業のようなかたちを通じて，毎日毎日繰り返し，子どもの発達に応じて少しずつ子どもが自らできるように穏やかに移行していくことが望ましい。そしてなんといってもうまくできたときにはほめたい。そのことが子ども自身の意欲を引き出し，積極的に規則正しい生活習慣を身に付けていく基盤となり，生涯にわたって健康な生活を送れることにつながるからである。

（3）子どもが自ら生活習慣を獲得するために

　生活習慣を子どもに身に付けさせるというと強制的な指導を連想しやすいが，大事なことは子どもたち自らが積極的にこれらのことに取り組むことができるように配慮することである。生活習慣を形成するためにはコンスタントな繰り返しが必須であるが，それが子どもにとって心地よく，子どもが達成感や必要感をもてるようになるかは養育者・保育者の努力と配慮にかかっているともいえる。いずれはこれらのことを自立して行うようになるわけであるが，そのときに主体的に取り組めるか否かはこの生活習慣を獲得する活動が楽しいものであり，やりがいのあるものであるという気持ちが育っていることにかかっているのである。

3. 子どもの心身の健康の基盤を培う保育者の役割

（1）自発的な遊びを支える

　近年，教育の目指すところのひとつに「生きる力」を育む*ことが挙げられる。幼児教育においても生涯にわたる「生きる力の基礎を育むこと」が求められている。幼児期においてこの力を育むためには，子どもたちが自発的に始めた遊びを丁寧に支えていく必要がある。子どもはこの自発的に始めた遊びの中でどんなふうに遊びを展開するかを自らの力で考え，その終息も子ども自身が考える。これを保障するためには自由遊びの時間は細切れではなく，ある程度まとまった時間として必要になる。また，例えば生活習慣を身に付ける場面でも，子どもが少しずつ自分でできるように，子ども自身が試すだけの時間を保障しなくてはならない。これはなかなか難しいことであり，保育者の側の忍耐力とその時間を組み込んだ指導計画を立てるだけの計画性が要求される。

（2）身体を使って体験することを支える

　子どもたちはいくら遊んでも遊び足りないほどのエネルギーをもっている。その子どもたちは園でいろいろなことに興味をもつ。園庭では虫探しをしたり，泥だんごを作ったり，砂場でダム作りをしたり夢中になって過ごす。アスレチック遊具を使っておうちごっこをすることもある。一方室内では，製作コーナーで遊びに必要な物を作り，大型積木のコーナーでは基地作りに熱中し，絵本のコーナーでは静かに絵本を楽しみ，造形コーナーでは保育者と一緒にマフラー作りに我を忘れて取り組むという具合である。もちろん遊びはこれだけにとどまらないし，これだけの環境を用意することは家庭では不可能である。そしてなんといっても園には同年齢や異年齢の友達がいる。幼児期の学びはほとんどすべてといってよいほど遊びに内包されている。また，夢中になっ

---

*　1998（平成10）年7月の教育課程審議会で教育課程の改善点として「自ら学び，自ら考える力を育成する」ことが挙げられた。

て身体を動かしたり，遊ぶことで身体を通した充実感を味わうことができる。

　しかしながら，現代の子どもたちの生活をみてみると，園以外の生活の場では身体を思い切り使って遊べない状況になっている。家庭での乳児期からの長時間のテレビ・ビデオ視聴，それに続く室内ゲーム機での遊び等，室内遊びの割合が高く，しかも友達と一緒というよりは個々に遊んでいることが多い。高層集合住宅などに住んでいると，親も子どもを外に連れ出すことが億劫になり，ついつい室内遊びで済ませてしまう。

　ここでの問題は，テレビ，ビデオ，室内ゲーム機を使っての遊びが多くの場合間接体験だということである。また少子化のなか，子どもに対する過保護，過干渉も多く，子どもが「自分で何かをする」という体験が少なくなっているのである。だからこそ保育者には，自らが身体を動かして子どものモデルとなり，子どものしていることを認め，励ます役割が課せられている。

4. 子どもの心身の健康と園の環境

（1）健康なリズムをつくる園環境

　園での一日の流れはたいてい決まっている。子どもたちはこの一日の流れを時の経過とともに少しずつ自分のものにしていく。その際に保育者は子どもの様子をみながらあせらずに支えていくことが必要となる。朝，登園するとまず靴箱に自分の靴を置き，荷物をロッカーにしまい，着替えがある場合は着替えを行う必要がある。年齢が幼い子どもの場合，初めから一人ですることは難しい。そのとき保育者は子どものできないところを手伝いながら，少しずつ子どもが自分でできるように促していく。決してあせって指導してはならない。たとえ時間がかかったとしても，子どもが自発的に活動に取り組めるようにしない限り，自らが健康であるために子ども自身が自分から気を付けて生活できる力を育てることはできない。

　持ち物の始末をしたあとはたっぷり遊べることが望ましい。たっぷり遊んだあとには片付けがある。片付けた方が気持ちよく昼食を食べられることに気付

くと，子どもは自然と片付けにも気持ちが向くようになる。昼食後は少し食休みをした後また遊ぶ。帰りの会まではまた自分で遊びを選んでいく。

　生活にリズムがあることは一日の活動をメリハリのあるものにしていく。「緊張と弛緩」，「動と静」の繰り返しのリズムは子どもたちにとって大切である。こうした園での一日一日の生活の繰り返しが子どもの中に，身の回りを清潔にしたり衣服の着脱を行ったり，食事や排泄など生活に必要なリズムを作っていくことになる。このリズムの繰り返しによって，子どもは自ら，自分たちの生活の場を主体的に整えることができるようになるのである。そのためにも園環境の大枠は子どもにわかりやすいリズムで整えておくことが大切である。

（2）身体を十分に動かし運動ができる園環境

　子どもたちが家庭ではなかなかのびのびと身体を使って遊ぶことができなくなっていることは前述のとおりである。そのため園ではこれを補う意味でも身体を十分に動かし，運動ができるような園環境をつくることが望まれる。特に園庭にどのような工夫をするかが，子どもが十分に身体を動かし運動ができるような園になるのか否かの決め手となる。起伏の少ない地面に固定遊具ばかりが幅を利かせている園庭では遊びが単純になりがちである。園全体で話し合い，起伏のある，そして隠れ家を作れる余裕のある園庭にすることが望ましい。またそれだけの余裕が園庭にない場合には，散歩をしたり，近くの公園を利用するなどの工夫もいる。

第4章
身体の発達と園生活

　新たな生命をかけがえのないものと感じ，その重さ，息遣い，ぬくもりに直接に触れる。人間として生まれ世代を受け継ぐものとして，どのような瞬間であれ，誰もがその時を経験し感動する。私たちが感じるその時の感動や驚きは，子どもの発達を考える上での原点として忘れてはならないものだろう。

　この章では，身体や運動の発達を概観し，これを基礎的知識として把握しながら，発達の当事者である子どもにとって，これらの発達が自己の成長や園生活にどのような意味をもち，また，どのようにかかわっていくのかについて考えていく。身体や運動の発達は，人間にとって中核をなすものであるが，心の発達と密接・不可分のものであり，環境や経験の影響を抜きにしては考えられない。保育者である私たちは，人間の総体としての身体に，常に目を向け感じ取る準備が必要である。

1. 身体の発達

（1）身体の発達の捉え方

　私たち人間は，未発達な状態で生まれてくるといわれている。二足歩行ができるようになるためには，1年以上を必要とし，栄養の摂取をはじめとする生命の維持は保護者の存在なしには不可能であるといえる。他の哺乳類が，出生後間をおかずに自分の四肢で立ち上がり，乳を求めて歩み始める姿とは大きな隔たりがある。

　人間の乳幼児期の発達は，このような未熟な生命体である一人ひとりが自立

へと向かうプロセスであるとも考えられる。ここでは身体の発達として体重・身長，プロポーション，骨格形成などの発達を中心にみていこう。

（2）乳幼児期の身体発育の特徴

　人間の身体の発育を四つの類型で示したスキャモンの発育曲線(図4－1)は，20歳を100％とした場合のそれぞれの年齢の身体の発育の割合を示している。

　ここで，身体の発育に大きくかかわる①，②の神経型，一般型について比較してみよう。

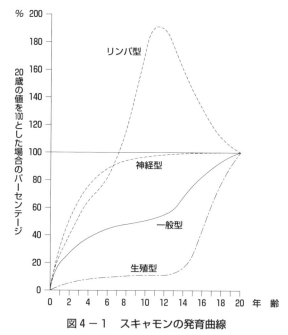

図4－1　スキャモンの発育曲線

①**神経型**：脳，脊髄など神経系と頭部の外面の計測値の発育パターン。乳幼児期，特に3，4歳までの発育が顕著であり，14歳で成人と同じ値を示す。
②**一般型**：身長，体重など頭頸部を除いた身体の外面の計測値。骨格，筋肉また，呼吸，消化器官などの発育パターン。生後数年および思春期に著しい発育がある。
③**生殖型**：生殖にかかわる諸器官の発育パターン。思春期以降に急速な発育を見せる。
④**リンパ型**：リンパ腺，扁桃腺などの発育パターン。12歳くらいまでの発育が著しく独特のカーブを描く。

乳幼児期は，脳・脊髄など身体の機能を司る神経系の発達が著しく，5歳頃までには成人のおよそ80％の割合に達するとされている。特に脳の重量は，出生時成人の24％から6か月で50％，5年で90％の速さで増加し，脳に続く脊髄神経系は，脳からのいろいろな信号を四肢や躯幹に伝え，身体の各部からの情報を中枢に伝えるというはたらきをもつ。

　これに比べ，身体各部や骨格，筋肉，呼吸器などの形態の発育量は著しいものの，6歳で成人のおよそ40％であるに過ぎない。特に筋肉は，身体運動，呼吸，消化運動，心筋（心臓を構成する）のはたらきなど，多様な機能をもつが，幼児期の筋肉は，抵抗力は弱く，水分が多く柔軟で弾力をもつことが特徴として挙げられる。また，骨の形成に関しては，軟骨の部分が硬くなることを繰り返して成長し，特に四肢の骨は年齢とともに化骨する現象＊が見られる。

　これらの特徴は，幼児期にどのような運動経験が必要かを考える上で大きな示唆を含むものであるといえる。つまり，体格や筋肉，呼吸器などに大きな負荷をかけ筋力・瞬発力・持久力などを高めるための運動だけでなく，脳や脊髄神経系のはたらきにより学習する調整力や運動をコントロールする力を獲得できる運動内容をより多く経験することが，身体の長期的な発育にとって必要であると考えられる。

（3）体重・身長

1）個人差とプロセス

　図4-2はある姉弟三名の出生時（1984年，1986年，1987年生まれ）から3歳までの体重と身長の変化（発育）を示したものである。体重についてみると出生時はそれぞれ3,200ｇ，3,580ｇ，3,460ｇであり，月齢3か月時に7,400ｇ，5,950ｇ，7,000ｇ，6か月時には8,190ｇ，7,500ｇ，9,450ｇとその変化に大きく差が見られる。しかし，3歳時には，三名とも14kg台と大きな差は見られ

＊　化骨現象：軟骨にある化骨核を中心として，軟骨にカルシウムが沈着すること。化骨核の出現数は年齢によってほぼ決まっており，手のレントゲン写真などから骨年齢を知ることができる。骨年齢と暦年齢はほぼ一致するのが一般的である。

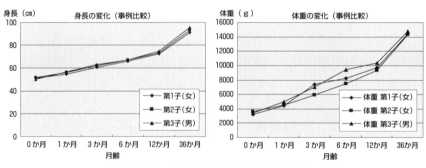

図4-2　ある姉弟の体重と身長の変化

なくなっている。一方，身長に関しては，大きな差を見せずにほぼ同じカーブを描いて発育したことがわかる。

このように，個人の身長・体重の変化についてみると，たとえそれが遺伝的・環境的に同質であることが想像される姉弟であっても，個体の相違で変化の速度や発育の連続性に異なりがあることが理解できる。発育のプロセスには，個人差があり，多様な要因に基づくものであることを前提として考えなければならない。次に一般的な発育の捉え方についてみていくが，安易に平均値との比較に陥ることなく発育の経過を見守る姿勢も重要であるといえよう。

2) 一般的な発育

体重・身長・胸囲・頭囲の計測値は，母子健康手帳[*1]にも定期健康診断時の記入欄が設けられており，乳幼児の発育や健康状態をみる目安となると考えられる。

一般的には，長育・幅育・周育・量育の四つの観点[*2]で，身体の形態は計測される。これら四つの観点のうち，保育の場面で計測可能であり，子どもにとっても目に見える形で自分の成長を自覚できるのは，体重と身長であろう。

[*1] 母子保健法に基づき妊娠の届出をした者に自治体が交付する手帳。出産状況，乳幼児の発育状況などが記録され母子の健康記録と保健指導の基礎となる。
[*2] ①長育：身長・座高・上下肢長などの身体の長軸にそった計測値。
　　②幅育：頭幅・肩幅・腰幅など身体の長軸に交わる方向にそった計測値。
　　③周育：頭囲・胸囲・腰囲など身体の周囲の計測値。
　　④量育：体重・皮下脂肪・骨量など身体の量的な計測値。

1. 身体の発達　43

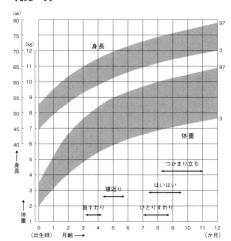
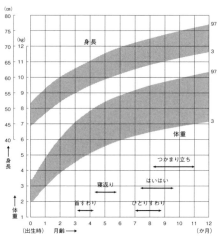
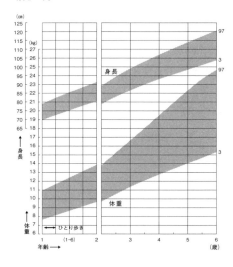
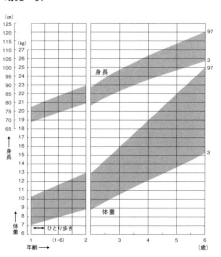

図4-3　体重と身長の身体発育曲線
(資料：厚生労働省「平成22年乳幼児身体発育調査報告書」,母子健康手帳より作図)
(注)　1歳代の身長は仰臥位を示し,2歳以降は立位身長を示す。

図4－3は乳幼児における男女別の身長・体重の発育曲線である（厚生労働省「平成22年乳幼児身体発育調査」）。

図4－3に見られるように乳幼児期は体重・身長とも加齢とともに急速な発育が見られ，体重が2～3か月で2倍，12か月で3倍，6歳では6倍以上となり，身長は，12か月で1.5倍，6歳で2倍以上となる。

（4）プロポーションの変化

乳幼児の体重・身長の発育は，体型（プロポーション）の変化とどのような関係があるのだろうか。図4－4は，胎児から成人まで身長を一定とした場合の頭部が占める割合を示したものである。新生児は4頭身，2歳児で5頭身，6歳児で6頭身と，この変化は頭囲と胸囲の関係や胴体の丸みの変化を伴って，次第に7～8頭身の成人のプロポーションに近づいてくる様子がわかる。

子どものプロポーションを考えたとき，頭が大きく重いことは，重心が成人に比べ上部にあり，歩き始めた当初には，転倒しやすい，バランスがとりにくいなどが運動時の特徴でもあり，注意が必要であることがわかるだろう。

この期のプロポーションの変化は，後に述べる基礎的な運動能力の獲得に相互に影響を及ぼすものでもあり，両者の特徴をよく理解した上で，バランスの取れた発達を促すことが必要でもあるといえる。

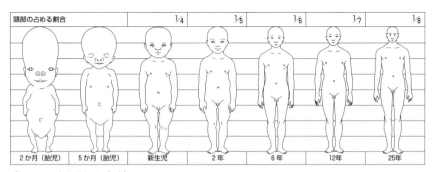

（ScammonとCalkinsによる）

図4－4　成長に伴う体型の変化

2. 運動の発達

（1）運動発達の順序性と方向性

　生後間もない子どもを横抱きにする。これには理由がある。"首がすわらない"ためである。首がすわると縦抱きにする。直立に近い状態になり，子どもにとっては視野が広がり風景が変わり，様々な情報を自分のものと感じ取ることができる。仰向けに寝ていた子どもが，知らぬ間に寝返りを打ち，首を持ち上げ，腕を突っ張る。今までと，見える世界が変わる。やがて，はいはいをし，つかまり立ちをし，感動的なはじめの一歩を踏み出す。

　このように，一定の順序をもって運動は発達し，また，中心から周辺部へ（体軸に近い部分から手や足先へ），頭部から脚部へという方向性をもって展開し，近年の研究では，これは，先に述べた脳の発達と密接な対応が見られるといわれている[*]。

　具体的には，図4-5にみられるように，人が二足歩行にいたるまでの運動発達の順序は，頭部から脚部へと発達していることは明らかである。図4-6では，どの時期にどのような運動ができるようになるか（通過率）が示されている。首がすわる（4か月前後），寝返り（6か月前後），ひとりすわり（8か月前後），はいはい，つかまり立ち（10か月前後），ひとり歩き（1年3か月前後）と，それぞれ90%の通過率を示していることが理解できる。

　寝返りは脚や腰を中心に全身を使い，ひとりすわりも同様でそれまでに比較し自分の意思をもって両手が自由に使用できる始まりであると捉えることができる。その後，はいはい，ひとり歩きは，移動を媒介に積極的に周囲の環境とのかかわりをもちながら自分の身体を自分でコントロールできるようになる始まりでもある。人間に特有の二足歩行という運動の獲得は，全身的な運動の発

---

[*] 脳や脊髄を組織する細胞であるニューロンと，この間をつなぐグリア細胞のひとつのミリエンの形成（ミリエン化）との研究では，脳の発達はミリエン化の時期と対応していることが明らかになっている。このほか，脳と身体や心の関係については『脳はどこまでわかったか』（井原康夫，朝日新聞社，2005）などに詳しい。

46　第4章　身体の発達と園生活

図4－5　乳幼児の身体運動の発達 (Shirley, M.M.,1931)

達にとって、また、手の運動の自由さの獲得にとっても、その後の運動の発達に大きな意味をもち、物的・人的環境の刺激を受けながらトータルな発達へと踏み出す重要なポイントであると捉えることができる。

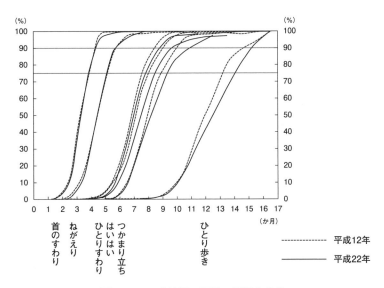

図 4 − 6　乳幼児の運動の通過率曲線
(厚生労働省「平成22年乳幼児身体発育調査報告書」)

(2) 運動能力の捉え方と基礎的運動

　スキャモンの発育曲線 (図 4 − 1) に見てきたように, 幼児期は一般型に比べて神経型が急速に発達する時期である。子どもの運動能力を考える場合, この期の身体発達と神経系の細胞間の形成との関係を踏まえ, また, 学齢期以降の発達につながるような, 運動の調整能力[*1]の発達を促す十分な運動遊びや生活経験が重要であることがわかる。大人のミニチュアとしての子どもではなく, 発達に沿ったかたちの子どもの運動の質を見極めなければならない。

　先に見てきたように, 運動の発達は, 決まった順序性と方向性をもつが, これ以前の最初の運動様式として, 新生児反射 (原始反射)[*2]がみられる。これは, ある感覚刺激によって遺伝的に形成された神経経路によって無意識に起こ

[*1]　運動の調整能力:一般に調整力には平衡性, 協応性, 敏捷性が考えられており, 平衡性とはバランスを取る力, 協応性とは身体各部位の動きを同調させて動く力, 敏捷性とは方向やリズム・テンポの変化に対応して動く力のこと。
[*2]　新生児反射:モロー反射・バビンスキー反射・把握反射・吸いつき反射・歩行反射などの身体反射の例がみられる。
[*3]　随意運動:本人の意思によって行われる運動。

る運動のことである。これらは，運動機能獲得前の生後数か月で消失し，随意運動[*3]へとつながっていく。

図４−７にみられるように，反射運動の段階を経て歩行を中心とする初歩的な運動の段階，基礎的な運動の段階へと続く。

基礎的運動は，図４−８のように，姿勢制御運動・移動運動（粗大運動・大筋運動）・操作運動（微細運動・小筋運動）に分類することができ，２〜７歳にかかるこの時期には，人間が行うことのできるほとんどの運動形態を子どもの動きの中に見ることができる。また，生涯発達の観点から，初歩的な運動，基礎的な運動の段階を経て，専門的な運動の段階へ進み，これらがその後の生活すべてにかかわる運動—日常生活・スポーツ・レクリエーション（スポーツ以外の余暇活動）を支える基礎となる（図４−７）ことを考えれば，スポーツとして特定の運動内容のトレーニングをするのではなく，一層，この時期に様々な運動の経験の蓄積が必要であることがわかるだろう。

例えば，日常生活で一つの箱を持って運ぶことを考えよう。箱の大きさ・重さを予測し，手を伸ばす。そこにはすでに，予測し自分の能力で持ち上げ移動することが可能かどうかという予測・判断がはたらいている。身体感覚や，ある空間における身体の把握が学習されていることになる。このような日常的な運動にしても，私たちは，経験や学習によってその能力を獲得していることがわかる。運動的には，つかむ，持ち上げる，歩くなどの運動が複合的に，また，同時になされている。このように，いわゆる運動的な場面だけでなく日常においても，私たちは運動を行っているのであり，その時々の機会が子どもの運動経験として学習され積み重ねられていく。

簡単な運動遊びのひとつである追いかけっこにおいても，ただ走り回っているだけでなく，運動しながら相手との関係を図ることで，追いつかれないように速度を変える，方向を変える，止まる，しゃがむ，身をかわすなど自分で調整しながら多くの運動の種類を選択，経験していることがわかる。様々な場面を捉えて，運動への好奇心や楽しさを失わずに，自発的に運動する環境，機会を保障していくことが必要である。

2. 運動の発達　49

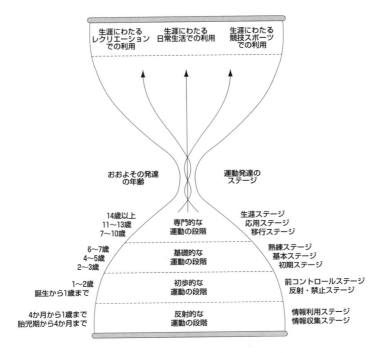

図4−7　運動発達の段階とステージ

(ガラヒュー, R. L. 杉原隆監訳：幼少年期の体育—発達的観点からのアプローチ, 大修館書店, p.69, 1999)

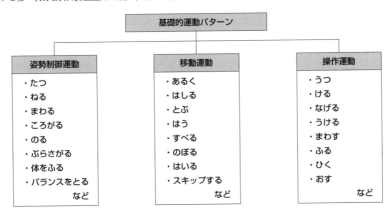

図4−8　基礎的運動パターンの例

(杉原隆編著：新版幼児の体育, 建帛社, p.27, 1999)

（3）基礎的運動の発達

　運動をいかに無駄なく合理的に行うかは，運動の調整力，つまり平衡性・協応性（巧緻性）・敏捷性などにかかわるものであることは先に述べた。ここでは，基礎的運動のいくつかについて，その発達を追ってみることにしよう。

　まず，"歩く"という運動についてみていこう。図4-9に示されるように，生後4～6週間の乳児には歩行反射と呼ばれる自立歩行に似た運動が現れることが知られており，この歩行の原始的な運動様式は，生まれる前から遺伝的に組み込まれている運動プログラムと考えられている[1]。この後，1歳前後での自立歩行のはじまりから，日常化・習慣化され，運動の形態が次第に大人の歩行へと近づいていく。これは，外見のみにとどまらず，筋肉の使用法に関しても効率よく，無駄のないものへ移行していることも報告されている[2]。

　より複雑で全身的運動であるジャンプの形態に関しての幼児期の特徴は，図4-10に示されるものである。脚の動作についてみると，2歳児では関節の動作範囲が少なく，3歳児以降加齢とともに踏み切り動作中の腰・ひざ・足の各関節の動作範囲が拡大する傾向があると報告されている[3]。これは，ジャンプ運動に関して，屈みこむという準備の反動を活かして身体を持ち上げ，跳動作へと導くことが次第にスムーズにできるようになることとみることができる。

　幼児期におけるこれら二つの全身的な運動の発達についてみても，形態的・様式的な運動の発達は，ぎくしゃくした動きから，次第に，運動時における効率的なエネルギーの利用や複雑な動きの流れをスムーズに遂行する合理性を獲得していく過程であることが理解できる。

　幼児期の運動は，短期的視野からではなく，長期的な発達の中でこの期の身体や運動の発達特性を理解し，トレーニング的にではなく，生活や遊びの中で自然に運動を楽しむことができる環境を整え，個人差・男女差も考慮しながら個人個人を支えていく内容の選択が大切であると考えられる*。

＊　2012（平成24）年に文部科学省より「幼児期運動指針」が公表された。ここでは「幼児は様々な遊びを中心に，毎日，合計60分以上，楽しく体を動かすことが大切です」とうたわれている。

2. 運動の発達　51

歩行のパターン

6週齢までの赤ちゃんにみられる"歩行反射"と、歩き始めた幼児との足の諸関節の角度の比較。この歩行パターンは青年期に至るまで変化し続ける。

4〜6週齢の赤ちゃんにみられる歩行反射と、歩き始めた幼児の歩行における関節角度変化はかなり類似している。

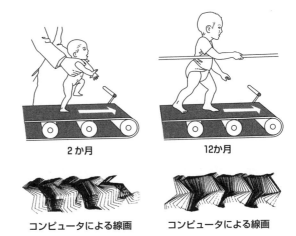

図4−9　赤ちゃんの歩行パターン

（ギリングD.，ブライトウェルR.，糸川英夫監訳，ヒューマンブレイン，1984，プレジデント社：ロボコンマガジンNo.34，オーム社，p.52，2004より作図）

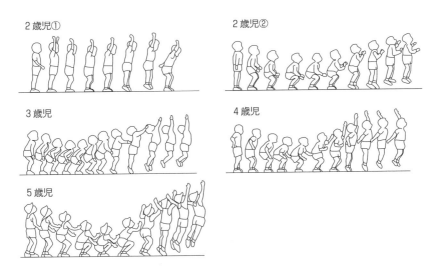

図4−10　幼児期のジャンプの形態

（体育科学センター：発育と加齢の科学1997，体育科学第25巻，日本財団，1997，http://nippon.zaidan.info/seikabutsu/1996/00155/contents/108.htmlより）

3. 子どもにとって身体・運動が発達することの意味

　ここまでは，客観的に捉えられた身体や運動の発達について概観した。このような発達は，子どもにとってどのような意味をもち，どのような影響を与えるのかを次に考えていこう。

（1）身体の確認から運動の意味の獲得へ

　生まれたばかりの乳児が自分の手や足の指をしゃぶる様子は，私たちがしばしば目にする光景である。その様子は，生まれ出た自分の身体の確認であり，自分の存在の確認のようにも感じられる。

　母親がおむつ替えのときに，赤ちゃんの身体をさすりながら「あー，伸びた伸びた，気持ちいいねー」と，あたかも母親自身が気持ちよさを体感しているかのように声をかける。子どもはそのとき，言葉を伴った身体の接触によって自分の身体の状態と感覚を母親のぬくもりとともに同調させて記憶していく。

　身長計や柱に名前と日付を入れて印を付け，以前の自分と比べる。抱き寄せられ「大きくなったね」というなにげない一言で，大きくなったという成長の言葉の意味を自分の身長の伸びとともに実感する。私たちも経験してきたように，身長が伸びることは，周囲の景色や見え方に変化をもたらすことである。自分とそれを囲む社会との関係やあり方に，緩やかに違いが生じていくことと考えることもできる。

　これらの例からわかることは，乳幼児期には，まず自分の身体を核としながら，自分自身を確認し，続いて，自分を支え，取り巻く人々や環境との身体を通しての発信・共感・かかわりの経験が蓄積されることであろう。

　子どもにとって，運動がもつ意味とは何なのだろうか。

　手に触れたものは何でもつかもうと試み，口に運び，その感覚を確認する。感覚運動の原初の現れである。聞こえてくる音楽に心身を揺さぶるリズムを感じると，全身を弾ませて反応する。まさに，五感を総動員して直感し，動く。

3. 子どもにとって身体・運動が発達することの意味   53

自分の身体と運動の関係を無意識のうちに確認しているかのようであり，動くことそれ自身の心地よさを体感しているとも捉えることができるだろう。

　はいはいや歩行という移動運動が可能になると，興味の対象であるものや愛情の対象である人を見つけ，失敗をおそれず，繰り返しそこをめがけてチャレンジする。移動行動としての運動発達の要因を明らかにした研究[4]では，二足歩行前期の10月から完成期の41月にかかる乳幼児の移動運動の促進や抑制条件について考察している。これによれば，二足歩行への「移行期」には，基地（母や遊具箱）周辺での移動が多く，「発達加速期」には，次第に基地の数を増やしつつ，母と他の基地を結ぶ往復運動となって現れる。さらに「歩行完成期」には母よりは他の基地や人物への停留時間が増加し移動量が減少することが報告され，母への「愛着」と「移動量の拡大」には相反する衝動が内在すると結論付けている。目的をもって運動する―この場合は基地から基地への移動―ことは，歩行を獲得する前後からなされ，それと同時に，遊びそれ自身の中で動きを楽しむという無目的性が混在していることがうかがえる。加えて，これを支えるものが，基地としての母のまなざしであり，この支えは，子ども自身が意思をもって，周囲の事物とかかわり遊ぶ意欲を育てていることが理解できる。

（2）「私」の身体へのまなざし

　子どもを育てる慌しさの最中に，ふと冷静になって思うことは，赤ちゃんは，こんなにも見つめられて育つのだということではないだろうか。その，一挙手一投足を見逃すまいと保護者は同じ時空を過ごし，寝ている姿を確認しては，微笑みをもって頬に触れる。

　子どもにとって身体や運動の発達とは何かを考えるとき，先の各例にみられるように，子ども自身の傍らに，発達を支える人の存在と，それへの依存とそこからの自立を獲得していく子ども自身の育ちを考えないわけにはいかない。

　ようやく歩き出した子どもに「上手，上手，こっちこっち」といいながら手を差し伸べる。子どもは，その基地を目指し，一所懸命歩を進める。子ども自

身が歩くという運動は，自分をほめ，励ます声，差し伸べられた手によって支えられていることがわかるだろう。ほめる，励ます言葉と，差し伸べられた手，受け止める身体は，子どもの勇気と意欲を喚起する。このような身体へのまなざしを起点とした運動の反復と蓄積は，子どもが自信を抱くことへとつながり，子どもの世界の拡大を引き起こす。

　少しの段差からジャンプを繰り返す兄弟。4歳の兄は身体のコントロールを上手に高く遠くに跳ぶ。もうすぐ2歳の弟は，それを見て，こわごわと自分もできるかどうか迷いながら，はじめはそっと，ただ降りるというふうにジャンプする。兄は，まるで，自慢するかのように得意げにもう一回。弟は，今度は，もう少し大きく跳ぶ。何度も何度も繰り返されるジャンプという運動の中で，兄は弟の視線を意識し，もっと上手に跳ぶことを目指し身体が空間に浮く，投げ出されるというジャンプそのもののもつ運動の心地よさも感じているに違いない。弟は兄が跳ぶという運動に伴う形態や呼吸のイメージを感覚しながらまねをし学び，自分の行為に反映させていると考えることができるだろう。

　両者のジャンプの反復は，ジャンプという運動そのものを楽しみ，運動技術を獲得すると共に，兄はまねされる手本としての自己の認識と自信，弟は学ぶ対象としての兄への憧憬と試みる意欲という形でそれぞれの内面を刺激している。これら一連の行為は，相互の身体へのまなざしによって支えられていると考えることができるのではないだろうか。

（3）身体があらわすもの

　子どもの身体は，非常に雄弁に，その時々に子どもが抱え込む状況を映し出す。次の事例は，2年保育の入園当初のユウタと保育者の身体を通した共感にかかわるものである。

事例4-1　（年中児）
　園庭では，早速，子ども用の自分で走らせる自動車に目をつけた。しかし，乗り込んで足を使ってそこそこのスピードで走らせるわけではなく，運転手になるでもない。彼は，自動車の後ろに回ると，彼のもてる全速力でそれを押

して走り回る。まるで "そこのけ，そこのけ，おれさまがとおる" とでもいうように… 保育者も，負けずに，彼の後を追いかける。

〈彼のもてる全エネルギーを燃焼する行動に，まるで挑むかのように〉

　しばらく続けると，こんどは，短い坂道をみつける。その下には，出入り口のシャッター。ユウタにとっては，またとないシチュエーション。思いっきり自動車を押す。坂道を転げ落ちる。結果は…ガッシャーン。シャッター音が炸裂し，響き渡る。それは，ユウタ自身の心の音？　身体の叫び？　回りに向けての自己主張？　様々な思いを喚起させるオト。保育者は，慌てず，騒がず，シャッターの前にしゃがみこみ，落ちてくる自動車を受け止める姿勢。

〈サア，イツデモ，ワタシニ，カカッテラッシャイ〉

　周りでこの様子をみていた子どもたちの中の一人が，同じことをはじめる。一人が二人になってゴロゴロ，ガッシャーン，ゴロゴロ，ガッシャーン。本当は聞こえないガッシャーン…を心の中で叫びながら。自動車を受け止める先生の身体は，シャッター音と同じほど，子どもたちの心と身体に響いたのか。

〈お友達と遊ぶのは，どーお？　一人じゃない自分に気付いているのだろうか？　ひとと同じことをするのは嫌い？〉

　保育者は，子どもの身体がもつあふれんばかりのエネルギーにとことん付き合う。この過程が，子どもの中に園での心身のよりどころを築き，安心感をもった次の行動へと導く。自分の基地や居場所を見つけ次第に安定した人やものとのかかわりを拡大していくための出発点として，子どもと保育者の身体的共感を捉えることができよう。

　広く大きな園庭，自分たちの保育室，たくさんの園児，保育者，遊び道具，時間，約束事，自分の周りにちりばめられた今までの生活空間とは異なる様々な環境に遭遇し，子どもは，自分なりの反応で対処していかなければならない。それは，多くの場合，身体表情とでも呼べるような態度や身振りなど，感情を内包した身体のあり方で示される。保育者は子どもの身体のあり方に「なぜ」という問いかけをもちながら，自分の身体と行動をもって敏感に丁寧に対応し，その時々の子どもの表すものを感じ取り理解するよう努めなければならないだろう。

4. 身体・運動の発達と園生活との関係

（1）身体活動の経験で獲得するもの

　園庭で年少児から年長児までが混ざって遊ぶ。身体発達の著しい幼児期の身体的・運動的能力は年齢や月齢，運動経験によって大きな差がみられる。年少のアツシが，遠くのアスレチック目指して走り出す。加速がついたとき，横から走り出てきた年長児と思いっきりぶつかり吹っ飛ばされる。アツシがここで感じることは，身体の痛さ，ぶつかった相手がいる事実，なぜという疑問などであろう。身体の運動を通して，自分のあそこへ行きたいという思いとそれが遮断された理由の関係の模索がなされていると見ることができる。

　子ども用の自動車で遊ぶ年中児のケン。一人で乗って脚で地面を蹴り走らせる。自分の行きたいところへ自由にスピードを上げて，あるいはゆっくり周囲を見回しながら。友達がそれを見つけ，後ろに回って自動車を押す。スピードは上がる。気持ちよい。しかし，ケンの思い通りにはならず，思いもよらないところでカーブしたり，行きたくないところを目指したりする。一人より二人は楽しいこともあるが，思いもよらないことが起きることを知る。仲間と遊ぶことは，自己の身体への意識と他者の身体への気付き，さらに，互いの気持ちのずれと，そこからいかに思いを重ねて行動できるかを考え出す力を生みだす。

　園での遊びは，自らが選択した空間を仲間とともに柔軟に使いこなし，発達にそって身体を通した遊びの実践を経験することである。それは，身体を思い切り動かすことでエネルギーを発散し心地よさを感じること，今までできなかったことができるようになること，遊具などを使ったときの非日常的身体の感覚を楽しむことなど，運動それ自身がもつ特性を運動実践で感じることでもある。様々な遊びや生活の中で展開されるこのような実践は，運動特性の獲得だけではなく，その活動のプロセスが，一人ひとりの思いを充足させ，友達の思いに気付き，共に充実して過ごせるかについて考えることへとつながる。いわゆる「身体知」*の獲得が子どもたちの自由な遊びの中で促され蓄積される。

（2）発達を考える──園での実践を捉えながら

　園生活で子どもたちは身体や運動を通し，運動そのもののもつ心地よさ，楽しさとともに，自分を取り巻く人やものの環境に気付く。

　例えば，ボールに対する興味は，「転がる」「弾む」などボールそのもののもつ特性を楽しむことではじまり，「投げる」「蹴る」「つく」などの運動を誘発し，様々な組み合わせや，遊ぶ人数の変化によって遊び方は多様に広がる。

　ひとりすわりができるようになると，転がるボールを目で追い，近い場所にあれば触ろうとする。はいはいや歩行という移動が可能になれば，弾むボールと一緒に全身を弾ませ，相手があれば，ボールと相手に応答的に反応する。

　園生活という集団の場では，二，三人のグループでボールを追うことから，次第にルールを見つけ，ゲームに発展する。また，異年齢児が刺激となって，サッカーやドッジボールなど，ボールの操作とルールに複雑さを持ち込んで高度化していく。

　このような発達は，ボールという遊具・素材の性質と，子どもの何が刺激されるか，さらに，どれくらいの人数で遊べるかという3種のベクトル相互のかかわりで生み出されるものであろう。この相互性は，ボールを見，さわり，共に動く中で，育ちゆくと考えられる。興味の継続は，経験の反復をもたらし，技能の獲得へとつながる。子どもの“今”を見つめ，“何”を選択できるのかを常に感じ，考え続けることは保育内容を通して子どもの発達を見つめることに通じる。

　次に，年長児のあるクラスの遊びの様子についてみてみよう。

事例4-2　年長児，プレイルームで（小学校受験期で落ち着かない時期）
　この日の午後，プレイルームに入った瞬間に，子どもたちは大小様々なカラーボールとマットを見つけた。自分の好きなボールを見つけて飛びつく子。「使ってもいいの」と保育者にたずねる子。何をしてよいかわからず戸惑う子。

＊　身体知：「子どもが場を共有し他者と一緒に遊ぶということは，人とのかかわりを支える原則を身体を通して実践することであり，その実践こそが「身体知」と呼ばれるものである」（砂上史子，無藤隆「幼児の遊びにおける場の先有と身体の動き」「保育学研究」40-1 pp.64-74，2002）。

保育者は，子どもたちに「好きなようにボールで遊んでいいよ」と声をかけながらじっとしている子どもの方へ歩み寄る。

　他の子どもたちの様子はといえば，壁に向かって的当てのようにボールを投げたり，友達を見つけキャッチボールをしたり，ボールの上に座って弾んだり，大きなボールの上にうつぶせに乗ってボールの上をスーと滑るスリルを楽しむ子もいる。マットを見つけた女児数人は何か相談しながら，それを引きずって運び，ごっこ遊びを始めた。ひとしきり遊ぶと，自分と違う遊び方をしている仲間を見つけて「一緒に遊ぼう」と声をかける子どもや遊び方が見つからない様子の子どもも出てきた。

　ここで保育者は，子どもが見つけたいろいろなボール遊びを共有することを考え，「みんなでやってみたい遊びを見つけた人教えてくれるかな」と子どもたちに話しかけると，子どもたちはいっせいに手を上げ，自分の見つけた遊び方を自慢げに動き付きで説明し始めた。

　この事例を保育のまとまりとして流れを追っていくと表4－1のようになる。ボールとマットという柔軟性に富んだ遊具は子どもたちの遊びたい気持ちを刺激し，①個々に，あるいは数人で，自分の興味に沿って遊ぶ。まず，遊びの発見があるといえようか。次第に，周囲を感じ，自分の関心とつなぎ合わせながら遊びは変化し，共有される。②保育者のかかわりで，クラス全員が何をしていたのか，自分と違う遊び方の存在に気付くことは，自他の相違が遊びを通して実感されることである。③クラスの塊を解くことで遊びはさらに発展し，汽車ごっこやボーリングごっこなどの創造性あふれる表現遊びをも誘発する。

　ボールという遊具を起爆剤として，身体活動を伴う保育の内容は，そのときの子どもたちのありのままの興味を出現させる。保育者の介在は，それを共有することを可能にし，遊び方の探究は，子どもたち自身と仲間への意識にさらなる気付きや深まりとして発展をみせたことを示しているとみることができるのではないだろうか。

　この事例には，もう一つのエピソードがある。

　③に見られるボールからの連想でボーリングごっこを始めたのは，男児の四，五人のグループである。このうちの一人，トモヤはとても気になる子どもだった。自由遊びの園庭では，みんなが元気いっぱいに走り回る姿を横目に見

4. 身体・運動の発達と園生活との関係　*59*

表4−1　ボールがひとつあったら…　　　　　　　　　　　　（年長児, 11月）

	子どもの活動	保育者の援助	環境設定	
①	ボールを見つける…好きなことをして遊ぶ マットを運ぶ…数人で好きな場所に運ぶ ・投げる―受ける（一人で，仲間と） ・つく（何回？） ・的当て（一人で，競争） ・ボールの上に座ってはずむ ・ボールの上をうつぶせになってすべる ・マットをお部屋に見立てて，ごっこ遊び	いろいろなボールを出す マットを運んでくれるようお願いする いろいろな遊びに対して，それぞれの楽しさが増すような言葉がけ 例：「なんかいできた？」 　　「おもしろそう，いっしょにやろうか？」 　　「すごいね。そんなことできるんだ」	大小のボール，マット 楽しい感じの音楽	〈遊びの発見〉 人間関係 興味・関心 共感
②	次々と自分がしていた遊びについて発表する したい遊びを自由に言う ボールを使って2チームで競争	子どもを集めて，どんな遊びをしていたかをきく 何をするか相談を持ちかける 発言が落ち着いてから，みんなでできるゲームにする	マットを家に見立てる	〈遊びの共有〉 集団遊び
③	もっと遊びたいという子どもがいる ・ボールを二人で挟んで走る子 　―汽車ごっこ ・ボールを使って，ボーリングをする子 自分たちが，ボーリングのピンやボールになる	もう一度，好きなことをしていいという 一緒にボーリングをする	マットの位置を変える	〈遊びの発展〉 表現遊び
④	「貨物列車」を歌いながら，ゲームをする	「貨物列車」の曲をピアノで弾く		クラスみんなで小集団 ―大集団

ながら，ずっと散歩をしている。保育者が話しかけてもほとんど答えず，迷惑そうにする。製作の時間は，じっと他の子どもがすることを見ながら，自分はなかなか進めない。まるで，そこにいる自分を閉ざしているかのようだった。

　そのトモヤが，このときばかりは，先頭に立って，「やろうやろう」といって仲間を誘い，ボーリングのピンとしてみんなを立たせボールを転がした。それだけでは物足りないと感じたのか，ついには，ボールも自分たちがそれになりきって遊ぶ―ボールになって思いっきり転がっていき（実際は走っていくのだが）ピンにぶつかる。ピンは，本物のように"吹っ飛ばされる"という感じ

で飛び散る—という遊び方を繰り返した。ボールを介して見つけられた遊び
は，その存在が消えてもボールの性質を借りて，自分の身体に性質を溶かし込
んで再出したといえる。また，トモヤのもつあふれる気持やエネルギーを表
し得る方法に，ようやく出会えたとみることもできる。

　この意味で，運動を伴う保育内容の選択は，発達に見合った形で多様な内容
の中からが用意される必要がある。また，多くの内容の経験の自分との出会い
によって自分が拓けることは，他者とのかかわりを生み，仲間に積極的に関与
する可能性を開くといえよう。

　このように，幼児期の運動の発達は，運動技能の獲得にとどまることなく，
遊びの発見，共有，発展，深化という過程で個人に内的変化を生起させ，その
出現によって他者との関係性をも形成し得るといえる。

■引用文献
1）浅井武：「ヒューマンモーションアナリシス」ロボコンマガジン№34，オーム社，
　　p.52，2004
2）岡本勉・後藤幸弘：Jpn. J. Sports Sci.,3（8），pp.606〜620，1984
3）体育科学センター：発育と加齢の科学1997，体育科学第25巻，日本財団，1997
4）森下はるみ：「幼少期における移動行動の発達」体育学研究第44巻第2号，1999
■参考文献
井原康夫：脳はどこまでわかったか，朝日新聞社，2005
下條信輔：まなざしの誕生，新曜社，2004
鯨岡俊：原初的コミュニケーションの諸相，ミネルヴァ書房，1997
津守真：子どもの世界をどうみるか—行為とその意味，日本放送出版協会，1987
バウアー著，岡本・野村・岩田・伊藤訳：乳児の世界，ミネルヴァ書房，1984
高橋長雄：からだの地図帳，講談社，1997
岩崎洋子編著：子どもの身体活動と心の育ち，建帛社，2002
杉原隆・柴崎正行・河邊貴子編：新保育講座7保育内容「健康」，ミネルヴァ書房，2001
吉田伊都美・杉原隆：「幼児の運動遊びが有能感および園での行動に及ぼす影響に関する
　　因果モデルの検討」保育学研究，40-1，2002
鈴木（裕）・鈴木（英）・上地：「幼児の身体活動評価尺度の開発：子どもアクティビティ
　　尺度」体育学研究50，2005
文部科学省：幼児期運動指針ガイドブック，2012

第5章
心の発達と園生活

1. 心 と は

　心とは「知,情,意によって代表される人間の精神作用の総体である」と抽象的に捉えることができるが,心についての定義は,心理学者や精神科医などの様々な立場,そして理論により異なり,明確な解答を見ることができない。

　しかし,心は私たちが社会の中で人間らしく生きていくために必要不可欠なものである。そして,乳幼児期はその豊かな心の発達の基礎をつくり上げる時期であり,非常に重要なのである。

　では,この乳幼児期に豊かな心の発達の基礎をつくり上げるためには,何が必要であろうか。まず,子どもを取り巻く現代社会の状況における問題点を整理した上で,子どもの心の発達には何が必要であるのかを考えていく。

(1) 子どもを取り巻く現代社会の状況

　現代社会は科学技術の急激な進歩などめざましい発展を遂げる反面,環境破壊やそれに伴う地球温暖化等が問題になっている。私たちの身近な生活の中でも,生活スタイルや家族形態の変化や急速に進行している少子化,女性の社会進出など,様々な変化が大人社会はもとより,幼い子どもの社会にまで様々な影響を及ぼしている。

　特に子どもの心を中心に考えてみると,身近な遊び場や自然の減少などにより,外遊びを通して身体を動かす楽しさや心地よさを感じる機会,また自分を

取り囲む身近な自然や社会などに気付いたり，興味をもつ機会，工夫して遊ぶ機会などがますます減少してきている。

　また，超少子化時代の中で，友達同士で遊ぶ機会を通して仲間の中でもまれることによって学ぶ，我慢する心や友達を思いやる心，協調する心などが育ちにくくなっている。家庭においても数少ないわが子に親の目が集中するため過保護・過干渉となり，子どもの自立の機会を奪っているなど，子どもの心の発達に様々な影響を及ぼしているのである。

　さらに核家族化が進み，特に母親が孤立化することにより，自身の育児能力の喪失，そしてこれに伴う育児に疲れ果てている「悩める母親」の増加や親が自分自身の生きがいを優先するあまりに育児放棄したりするなど，虐待となって子どもの心に影響を及ぼしていることも現代の社会現象として特に多く現れてきている。

　このような状況の中で子どもがこれからの長い人生を人間社会の中で人間らしく生きていくための豊かな心の発達には，何が必要であろうか。

（2）子どもの心の発達に必要なもの

　「幼児の生活は遊びである」といわれている。子どもは日常における様々な遊びを通して人間社会の中で人間らしく生きていく力が心身ともに養われていくのである。この遊び，中でも身体運動を伴う遊びの重要性についてフロスティッグ（Frostig, M.）は「さまざまな運動の属性を含む運動は障害児にかぎらず，すべての子どもに必要であり，いわゆる運動教育（movement education）により身体認知はもとより，時間，空間，因果関係の機会，創造性アカデミックスキル，精神，心理機能の開発にも効果がある」[1]と述べている。つまり，人間として生きていくための豊かな心の発達，そして身体の発達には，すべての子どもに身体的な運動が必要不可欠なのである。

　子どもは，遊びを通して次のような能力を発達させていくと考えられる。

①身体および運動能力の発達　　遊びが身体全体に対して生理的な刺激となる。遊びを通して，楽しさや喜びを感じながら，意識せず身体全体を使うこと

によって様々な運動能力を発達させることができる。

②情緒の発達　遊びは自由であり，自発的なものである。よって，子どもたちは，自由な遊びの中で自己表現し，日常生活の中で満たされない欲求などを解消したり，また要求が満たされつつ自己充実感を味わうことができ情緒を安定させる。そして友達との遊びを通して感じられる喜びや怒りを共有し合うことにより豊かな情緒を発達させることができる。

③社会性の発達　子どもは遊びを通して，友達をはじめ他者との人間関係や，ルールや約束ごとを守る姿勢や態度，子どもがそれぞれの役割や責任の重要性を学ぶなど集団生活のあり方を理解し，社会性を発達させることができる。

④知的能力の発達　遊びを通して，子どもの好奇心が高められ，探索行動などにより新しい発見や工夫する力，創造する力が養われる。遊びは，様々な体験を通して知的能力を発達させることができる。

⑤自立性の発達　乳幼児期は，他者への依存性の強い時期である。しかし，他者に依存していては，遊びが発展しないし，競争や協力し合うことによる喜びや面白さなども感じることはできない。遊びは，友達などとのかかわりの中で，その時々の状況を判断し，自分自身の力でやり遂げる力の基礎を発達させることができる。

　しかし，①～⑤のように多面的な能力を発達させる遊びを自由に，そして十分子どもが行うためには何が必要であろうか。それは，何よりも身近な大人との絆であり，そこから生まれる安定した生活である。

　こんな話がある。ドイツ皇帝フリードリッヒ2世（FriedrichⅡ, 1194～1250）は，「人間は，生まれてから言葉をひとことも教えられなかったら何語を話すようになるのか」ということに非常に興味をもち，赤ちゃんたちを1か所に集めて，養母や看護師に育てさせた。しかもその育て方は，食事や入浴の世話などはしてもよいがいっさいの言葉がけを禁じたのである。その結果，赤ちゃんたちは全員死んでしまうという非常に悲惨な結果となり，結局彼は赤ちゃんが何語で話すかの確認にはいたらなかったそうである。

　このことは何を意味しているのだろうか。それは十分に保護された環境は必

要であるが，子どもへのかかわり，つまり優しい言葉がけやスキンシップなども，子どもたちが生きていくためには欠くことができないものであることを示しているのである。そして，そのかかわりを通して形成されるその子どもとかかわる保育者，養育者との絆，信頼関係が何よりも重要なのである。その信頼関係をもとに子どもは安定した生活を送りながら，外界の様々な環境に触れ，はたらきかけ，答えを受け取り，そしてまたはたらきかけることを繰り返しながら身体的にも精神的にも発育・発達を遂げていくのである。

さらに，心の発達の基礎として子ども自身にどのくらい感受性が育っているかが重要である。幼稚園教育要領や保育所保育指針等では「気付く」「楽しむ」「工夫する」という言葉がよく使われている。この土台となるものが心を動かすことのできる性質，感受性である。この感受性が安定した家庭や園での生活の中でどれだけ養われているかが決め手になることを保育者は忘れてはならない。

筆者とその子ども（男児）とのかかわりを通してこんなことがあった。

事例 5 − 1

1歳頃よく遊びに行った公園で，花に興味や関心をもつようになった。そして花が大好きで花屋の前でいつも立ち止まり，じっと見ていた。

1歳10か月頃の春のこと。毎年春になると自宅の近くに，タンポポがじゅうたんを敷き詰めたように咲く場所があるため，この頃，筆者は「この花はタンポポというんだよ，きれいだね」と感情を込めた言葉がけをよくした。そのせいかタンポポに興味や関心を示すようになった。

そして，2歳10か月頃の春には，大好きなタンポポの黄色いじゅうたんを見て「タンポポいっぱい，きれいね」と言いながら共感を求めていた。また，タンポポの香りをかいでは「タンポポいい匂いね」と言ったりした。そして散歩や買い物に出るときは，いつも「タンポポ，欲しい」と言って，手に取った1本をよく立ち寄る本屋のおねえさんに「どうぞ，タンポポきれいだよ」と言って手渡したりもした。これを何度も繰り返したあるとき，子どもに変化がみられたのである。

ある日，いつもと同じように筆者がタンポポを取ろうとしたとき，子どもが「もういらない」と言ったのである。そこで筆者が「どうして」と聞くと，子どもは悲しい顔をして「だってタンポポが死んじゃうもん」と言ったのである。

2. 情緒の発達と園生活　　*65*

　このことは何を意味しているのだろうか。父親と子どもとの信頼関係を通してタンポポという自然に積極的にかかわりながら，自然への興味や関心，そして自然の美しさへの感受性が育っていくのである。はじめはタンポポを見るだけであったのに香りをかぐなど新たなかかわりを通して新しい感動が引き起こされていく。さらに，日常生活の中でかかわりがある人に自然とのかかわりの中で得た感動を伝える姿がみられたり，また，手に持ったタンポポがしおれていくのを見て，新たな気付きや悲しさを感じられるのである。

　このように安定した生活の中で子どもの感受性，そして興味や関心が育ち，豊かな心の発達へとつながっていくのである。

　次節以降，心の発達について，情緒の発達，社会性の発達，知的能力の発達，さらにパーソナリティの発達を園生活とのかかわりを通して考えていきたい。

2．情緒の発達と園生活

（1）情緒の発達

　情緒とは，私たちが日常生活の中で感じる怒りや恐れ，喜び，悲しみなど，急に起こってくる激しい感情の動き，情動である。

　子どもは，新生児期に眠っているときや，まどろんでいるときに微笑することがある。これは「生理的微笑」または「自発的微笑」と呼ばれるもので，このとき新生児は喜んで行っているわけではなく反射的に行っているのである。

　そして，成長とともにますます微笑するようになるが，最初は聴覚的な刺激に対してよく反応する。生後3〜4か月になると次第に視覚的な刺激，特に人間の顔，中でも見慣れた顔によく反応するようになる。この時期に「社会的微笑」へと変化するのである。

　また，この子どもの微笑は大人にとって言葉に言い表すことができないくらいかわいく，微笑みかけられた大人は自分のはたらきかけに対して喜んでいると感じるため，さらに積極的にはたらきかける。これは子どもと大人の絆を深めるはたらきを果たしているのである。そして，この時期はくすぐったり，抱

き上げてゆすったりなどの運動的で接触的な刺激を非常に喜ぶのである。

また，おむつが濡れていたり，お腹が空いたり，かまってもらいたいときなど不快なときは強烈に泣いたりし，大人を驚かすことさえある。そして5〜6か月頃には，不快は怒りや嫌悪，恐れへ分化していき，7〜8か月頃から見知らぬ人への恐れ，いわゆる「人見知り」が顕著にみられるようになるのである。

この情緒の分化については，図5−1のブリッジス（Bridges, K. M. B.）の説が広く知られている。ブリッジスは新生児期から2〜3か月頃に興奮が快・不快に分化し始め，6か月頃には不快が怒り・嫌悪・恐れに分化，さらに1歳頃，快が愛情・得意に分化し，2歳頃には基本的な情緒が獲得され，5歳頃までに

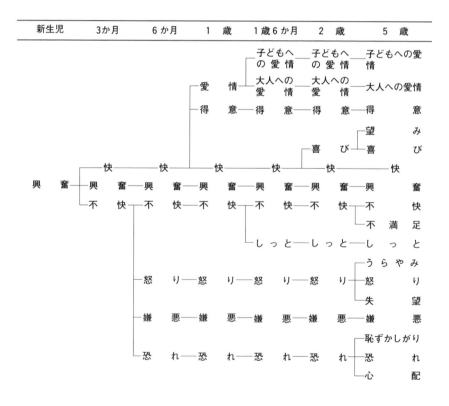

図5−1　情緒の分化（Bridges, K. M. B., 1932）

ほぼ大人の情緒と同じぐらいに分化すると述べている。

　ただし，ブリッジスの理論では新生児の情緒は未分化であり興奮しか示さないが，現代では様々な研究により新生児においても，関心・嫌悪・不機嫌などの情緒を示し，多様な情緒をもって生まれてくることがわかってきている。

（2）子どもの情緒の特徴

　情緒は「喜怒哀楽」を表すが，乳幼児期の子どもは一日の生活の中でも様々な情緒の表出がみられる。この頃の子どもの情緒には，次の特徴がある。

① 子どもの情緒の表出は，「泣いたカラスがもう笑った」といわれるように，持続時間が短く移りやすい。

② 子どもの情緒は強く現れ，時には大人も驚くときがある。

③ 子どもの情緒は，大人よりはるかに多くの機会に現れる。

④ 子どもの情緒は，その子どもの行動から推測することができる。

　子どもは大きくなるにつれて，情緒の表出が社会的に認められることであるのか，または認められないことであるのか，理解できるようになり，周囲に適応しようとするために，子どもの情緒の表出は徐々に少なくなっていく。

（3）情緒の安定

　まだ言葉が獲得されていない乳児期に恐怖や恐れなどの不快を感じたときなどは，泣いたりするなど声や表情により大人に知らせる。

　そして，これに対して大人が適切な対応，つまりおむつが濡れていて泣いている場合にはおむつを交換し，空腹で泣いている場合などにはお乳を与えるなどを繰り返し行うと，自分のことをわかってくれる大人がいるという安心感や信頼感を子ども自身が大人にもつようになり情緒が安定するのである。

　また，大人が乳児に提供する一番初めの楽しみは，身体的な運動が引き起こす感覚の変化ともいわれている。乳児に対して「イナイイナイバー」などをすることにより「キャッ，キャッ」と声を出しながら身体全体で喜びや楽しさを表現したりすることはよく知られていることである。

68　第5章　心の発達と園生活

　筆者自身の経験でも子どもと「イナイイナイバー」などでよく遊んだが，次のような遊びは，子ども自身もその遊びをするのを期待する様子がみられた。

> **事例5－2**
> 　子どもが生後7か月の頃，特に楽しんだ遊びである。
> 　子どもを両腕で横に抱えながら「マサヤくんを小脇に抱えてワッショイショイ，それ！ワッショイショイ」と歌いながら，軽く飛び跳ねる単純な遊びである。この遊びは実に喜び「キャッ，キャッ」と声を上げ，そして手足を激しく動かしなら身体全体で喜び，楽しさを表現していた。

　このような遊びを行うことによって感じられる喜び，楽しさなどは，子どもの情緒を安定させる。そして情緒は，愛情や喜び，望みなどに分化していくのである。

（4）園における情緒の発達

　子どもたちは家庭や園などの生活を通して様々な情緒を感じ，そして発達させていく。ここでは子どもの情緒の安定や発達を，園生活でみられる遊びの中で子どもと保育者のかかわりを通しての事例を見ながら考えて行きたい。

> **事例5－3　まてまて遊び　1歳児**
> 　ある朝，登園したマサコ（1歳6か月）にいつもの元気さのないことに気付いた担任保育士が母親に尋ねると，出かける時間が少し遅くなったこともあり，久しぶりに「早く！」と声を荒げたという。
> 　担任は「おはようマサコちゃん」と言うとぎゅっと抱きしめ「ご本，読もうか」と優しく語りかけた。そして，既に登園していた子どもたちも集め，マサコの好きな猫の出てくる絵本を読み出した。マサコの顔を見ると次第にやわらかい表情になっていくのが読み取れた。本を読み終わったところで「さあ，先生追いかけるからみんな猫ちゃんになって逃げるんだよ」と言い，「まて，まてー」と言うと，みんな「ニャーニャー」といいながら逃げ回った。
> 　担任は，今日一番にマサコをつかまえ「マサちゃん猫，つかまえた」と言って抱きしめた。そして，次々と子どもたちに追いつき抱きしめていった。その頃にはもちろんマサコもいつもの元気な笑顔になっていた。

大好きな母親に叱られ，気持ちのやり場に戸惑っていたマサコだが，好きな猫の絵本で気持ちが落ち着き，次に行った「まてまて遊び」をする中で，無理なく気持ちが明るく切り替わっていったのである。

「まてまて遊び」は，言葉の理解が進み走れるようになる1歳児の子どもたちが大好きな遊びである。逃げることの楽しさを味わうとともに，捕まえられて抱きしめられることにより，保育者の優しさや温かさを心身で受け止めながら，楽しみも感じることができたのである。このように，保育者がマサコのおかれた状況を察し意図的に抱きしめることにより，まず情緒の安定を図ることは，幼い子どもにとって必要不可欠なものである。

つまり，この事例でもみられるように「まてまて遊び」を通しての活動，そして保育者の援助により，気持ちのやり場に困っていたマサコは，その気持ちを切り替えることができ，楽しさなどを感じることができた。そして，その日の給食もおいしく食べることができたのである。

このように情緒の安定を土台にし，子ども自身が園における生活で起こる様々な事象を通して，楽しさや喜び，悲しみ，怒りなどの情緒が生まれ，揺れ動きながらも園生活に意欲的にかかわることにより情緒が分化し，発達していくのである。そしてこのとき，保育者の援助は，情緒の安定とともに園生活に意欲的にかかわる中での情緒の発達にも重要な役割を果たすのである。

3. 社会性の発達と園生活

（1）社会性の発達

社会性とは，社会の規範や慣習に自分自身をうまく適合した行動が取れるようになることである。

子どもは生まれた段階から家族という最小単位の社会の中で生活し始める。

まずは，母親を中心に父親，兄弟姉妹，祖父母へとその関係を広げ，絆を形成していく。そして，さらにその関係は子どもが成長するとともに他者との関係へと広げ深められていくのである。このように他者との人間関係を広げ深め

70 第5章 心の発達と園生活

ていくことは社会性の発達の重要な要因であるとともにその土台となるものである。

しかし，先にも述べたが現代社会における様々な変化により子どもの社会性が育ちにくくなっているのが現状である。このような状況の中，この人間関係を広げ深めていくためにはどうしたらよいのだろうか。

（2）人間関係の基礎

人間関係には，何よりも親（養育者）と子どもの間に絆を形成することが重要である。

人間の赤ちゃんは生理的早産であり，二次的就巣性という特性をもって生まれてくる。つまり，人間は誕生時にはすべての感覚器官が備わっていながら運動能力が著しく未熟であり，長期間にわたり，親の保護なしに生きていくことができない存在なのである。そのため親は子どもを抱きとめ授乳をしたり，言葉がけをしたり微笑んだりなど子どもに対して様々なはたらきかけをする。そして，それに対して子どもが何らかの反応を示す。この相互のやりとりを繰り返しながら特に親と子どもとの心の結び付き，絆が形成されるのである。

これをボウルビィ（Bowlby, J.）は愛着（attachment）と呼んだ。子どもには，自分を守ってくれる，また優しく温かく抱いてくれる親の存在を身体全体で受け止めながら愛着が形成されていき，親子の絆が深められていくのである。そしてその絆により，子どもは親を安全基地として外界の様々な環境にはたらきかけるため，探索活動に出かけるのである。

さらに，この愛着が安定していることは，子どもに「自分は愛されている価値ある存在」という肯定的な自己も形成させる。逆に不安定な愛着をもった子どもは，愛着の対象，例えば母親に対して「自分を拒否する存在」とし，自分自身についても「拒否される存在」として自己を形成してしまうのである。このことは，それ以後の子どもの人間関係に大きな影響を及ぼすことになる[2]。

大人は，子どもの社会性発達の基礎をつくり上げるため，子どもと十分にかかわり，まずは互いの愛着により太い絆をつくり上げなければならない。

（3）人間関係の広がり

　これまで家庭にいた子どもは，家族との絆により，安定した生活を送ってきたが，乳児でも幼児でも園生活が始まると家庭とはまったく異なる環境で生活することになるため，入園当初の子どもは強い不安を感じるのである。

　その環境の違いの中で，まず大きく異なるのは人間関係の広がりであろう。

　園には園長先生，保育者，その他様々な立場で役割を果たしている人々がいる。また同じ園に通う同年齢の子ども，異年齢の子どもがいる。

　このような園という新奇の環境の中で，入園当初の子どもにとってまず必要なものは，安定した園生活である。そのためには何より子ども一人ひとりが，保育者と相互にかかわる中で絆を形成することが重要である。

　安定した生活を通して，同じクラスの子どもとの「いざこざ」などを経験しながら徐々に同年齢の子どもへと目が向けられていき，そしてその人間関係も広がっていくのである。

　さらにこの人間関係の広がりを助ける重要な役割を果たすのが保育者である。幼児期では，まだ子ども同士のかかわりの中で，十分自分の思いや心情を相手に伝えることが困難であり，それを理解することも難しい。このとき保育者は子ども同士のパイプ役として重要な役割を果たすのである。

（4）社会的ルールの理解

　園は集団生活の場である。そのため園には様々なルールが存在する。

　登園したら先生に朝のごあいさつをすることやお昼ごはんの前には手を洗うなど園生活を送るために必要なきまりや，友達と仲良く遊ぶこと，園にある物を他の子どもと共有することなど，集団生活を送るために必要なルールなどを知り，徐々に園生活に慣れていくのである。

　さらに，子どもたちは遊びを通して，自分たちの遊びをより楽しいものにしたり，または自分たちの遊び空間を他の子どもたちから守ったりするため，ルールをうまく利用しながら園生活を送るようになる。このような様々な経験を通して，ルールを守る姿勢やその重要性を学んでいくのである。

72 第5章 心の発達と園生活

（5）園における社会性の発達

　園生活は，様々な他者とのかかわりを通して社会性を発達させていくために
も重要な環境の一つである。ある園生活での具体的な事例を通して，子どもた
ちの社会性の発達について考えていくことにしよう。

事例5-4　杏のジャム作り　3，4，5歳児

　4月真っ白な花を見事につけた園庭の杏の木に黄色く熟した実がついたの
は，6月。そんなある日，年長組のタツオが「先生，先生たいへんだよ。ヒロ
ミちゃん（4月入園の3歳児）が杏の実拾って食べたよ！」と大声で職員室に
駆け込んできた。「えっ本当」と言って駆け出して行くと大勢の子どもに囲まれ
「いけないわ　いけないわ！」とはやされて，ヒロミが杏の実を手に持って泣き
そうな顔をして立っていた。「ヒロミちゃん食べたの？」と聞くと「ううん」
と首を横に振った。子どもたちには拾っても食べてはいけないと伝えてあった
が，あまりの甘い香りのよさに少しなめたようである。

　これがきっかけとなり職員で話し合い，杏の実を採り給食室でジャムを作っ
てもらおうということになった。給食室の職員にお願いに行くと快く引き受け
てくれた。そこで，給食室のOさんとMさんに来てもらい子どもたちに「給食
室のOさんとMさんが明日，杏でジャムを作ってくれることになりました。楽
しみですね。みんなも一緒にお願いしましょう」と伝えた。

　そこでその日は急遽，杏の実を落とし，みんなで拾うことにした。木の下に
ビニールシートを敷き，男性保育者が中心となり杏落としが始まった。子ども
たちは大喜び。しかし，大勢過ぎてうまく拾えない。すると年長児のエイコが
「先生危ないよ，小さいクラスから順番に拾うといい」と訴えてきた。「そうだ
ね，じゃあ，くま組さん（3歳児），きりん組さん（4歳児），ぞう組さん（5
歳児）の順にしよう」ということになった。今度はタケシが「先生入れ物は？」
と言うので「給食室に行ってバケツを借りて来て」と言うと，二～三人で借り
て来た。バケツに杏を入れて，年長組のみんなで何回も運んだ。

　そして，翌日おやつの時間，杏のジャムをはさんだパンを食べることができ
た。それは，それはおいしいジャムであった。

　次の朝，あのタツオがまた職員室へ来て「先生，今日もジャムある？」。余
程おいしかったらしい。

この事例では，入園したてのヒロミにとっては，杏の実は年長・年中組の子どもたちとの人間関係をつくるきっかけとなったのである。また，実を拾うときに年長児自身がルールを考え，そこには年少児に対する思いやりの気持ちをみることもできる。

そして，いつもおいしい給食を作ってくださるOさんとMさんが，自分たちが拾った杏でおいしいジャムを作って下さったという思いがけない出来事により，感謝の気持ちとともに毎日の給食，おやつにも関心をもち，二人がさらに身近な存在になる機会となったことはいうまでもない。

その後，家庭においても子どもたちから「おいしかった杏のジャム」の報告があったようで，保護者の方とも杏の話で園とのコミュニケーションが深まり，中には「私も食べたかったです」とその杏の木を見上げる方もいたのである。

さらに，このようにジャム作りができたのは，日頃から職員間の「子どもを一番に考える」協力態勢があったからこそであることを忘れてはいけない。

4. 知的能力の発達と園生活

（1）知的能力の発達

私たちは日常生活を送る中で常に思考やイメージなど様々な知的能力を使って生活している。その土台となっているものが生活を通しての体験や経験といえる。子どもの知的能力の発達は，私たちが長い人生を人間らしく生きていくための基礎として非常に重要となるのである。

幼い子どもたちにとって生活を通して得られた体験や経験はまだ非常に少ない。そのため知的能力の発達の基礎を築くためには，生活の中での様々な環境にはたらきかけ，答えを受け取る，そしてまたはたらきかけるということを繰り返しながら思考やイメージ，創造力，工夫する力など，知的能力を発達させていくのである。次の事例は筆者の子どもが積木という環境にはたらきかけている姿を捉えたものである。

74　第5章　心の発達と園生活

事例5−5

　生後7か月頃，子どもに中型積木を与えた。最初の頃は積木をなめたり噛んだりしていたが，生後10か月頃になると積木を高く積み重ねることに関心をもつようになった。

　はじめは三角形の積木の山の上に長方形の積木を乗せようとしていた。1歳頃までは積み重ねることができないため，いらだちをみせていた。

　しかし，何回もそれを繰り返していく中でたまたま三角形の積木の平らな面には積み重ねることができることに気が付いたのか，その後積み重ねる行動に移っていった。はじめは高く積むことのみが楽しいようだったが，そのうちに高く積んで壊すことを繰り返すようになった。

　さらに，子どもの成長とともに積木を使った見立て遊びやごっこ遊びもみられるようになった。

　この事例のように子どもは，様々な環境への直接的なはたらきかけにより，その対象となる事物などの性質や扱い方の答えを受け取り，そして理解していくのである。

　これまで生活を通して様々な体験を送ってきた大人にとっては，この事例にみられるように三角形の積木の頂点には長方形の積木は乗せることは非常に困難であることは十分理解されていることである。しかし，まだ幼い子どもにとっては直接的体験が少ないため理解されていない。このことから，知的能力の発達に対して直接的な体験が非常に重要なことがわかる。

　そして，この直接的な体験の繰り返しにより，その対象である事物の扱い方や遊び方などがうまくなっていくのである。

（2）思考と言葉

　言葉は知的能力の発達には欠くことができないものである。また対人関係のコミュニケーションの手段としても非常に重要なものである。

　私たちは物事を考えるとき，意識していても無意識でも言葉を使って考えている。しかし，言葉を獲得していない子どもたちはどのように考えたりしているのであろうか。

4. 知的能力の発達と園生活　75

　言葉の獲得は誰もが6か月頃言葉に似た喃語を発するようになり，1歳頃には一つの単語の一語文から始まり，18か月頃から一度に二つの単語を言う二語文期へと発達する。その後，徐々に単語が増加し，これらの単語を文法に沿って正しく配列することにより，言語表現が可能になるとともに思考発達も進むと考えられる。

　その発達の過程には，まずそれぞれの言葉一つひとつが何をさしているのか子ども自身が十分理解することが大切である。

　そのためには直接的な体験を通して，つまりその子どもが見たり，触れたり，感じたり，味わったりした経験に私たち大人が言葉を対応させ，これを繰り返すことが重要である。そしてその事物と言葉が結び付き十分に蓄えられたとき，母親に向かって「ママ」とか，犬を見て「ワンワン」と言ったりすることができるようになるのである。そして，さらにその後の自分の体験を通して，言葉の数も増加し，大人の発話などを模倣しながら言葉を獲得していく。そして3歳頃には，会話が可能になってくるのである。

　また，言葉を獲得し，様々な直接的体験がイメージとして蓄えられると工夫する力や創造力も発達してくる。

　工夫する力とは，その子ども自身があることを繰り返し，その中で最もよいやり方や最も快感を味わうことのできる方法を見つけ出す力である。繰り返しの中で言葉を使い「こうしたらどうだろう」とか「このやり方ではだめ」というように工夫する力が発達するのである。

　さらに，このように何度も繰り返し行い言葉を使って考えることで，予測することができるようになる。つまり，工夫しているうちに次の段階で起こることについて「こうすればこうなるはずだ」というように実際に直接的な体験をせずに自分のもっているイメージと言葉によって予測することができるようになるのである。

　このように子どもの知的能力の発達と言葉の関係は，非常に密接な関係であり，重要なのである。

（3）園における知的能力の発達

　園において子どもたちは様々な遊びを通して子どもたちなりにいろいろ考え，工夫しながら園生活を楽しんでいる。

　自由遊びの時間にみられたお手玉遊びの事例を通して，子どもの知的能力の発達について考えてみることにする。

事例5－6　お手玉遊び　4歳児

　　自由遊びの時間に五〜六人の男児が，初めて手にしたお手玉をはじめはもて遊んでいたが，次第に夢中になって手のひらで打ち上げていた。

　　そして，その後遊びに変化がみられるようになり，お手玉を保育室の壁に何度もぶつけて遊ぶようになった。するとリョウタがたまたま投げたお手玉が，壁の桟に乗ってしまった。リョウタは「やったぁー！」と歓声を上げ，これに他の子どもたちが注目した。

　　この後何人もの子どもが桟にお手玉を乗せようと何回もお手玉をぶつけていたがなかなか乗らないため，今度は徐々に後ろに下がって行き，投げる距離が長くなっていった。さらに数名の子どもがお手玉をぶつけている壁の反対側の壁までさがって行き，何回も投げていた。

　　しかし，お手玉がなかなか反対側の壁まで届かなくなったため，今度は子どもたち自身で徐々に投げる距離を縮めていった。

　この事例では，子どもたちは初めて目にしたお手玉に興味を示し，お手玉へのはたらきかけによりその感触を楽しみ，お手玉を手のひらで打ち上げると「カシャッ，カシャッ」という音などにより夢中に遊んでいた。さらに，これまでの体験や経験によりお手玉をボールのように壁に投げたりして遊ぶ姿がみられたのである。しかし，たまたまリョウタが投げたお手玉が壁の桟に乗ったことにより多くの子どもの興味を引くことになった。

　これがきっかけになり保育室という環境の中で，何とかお手玉を壁の桟に乗せたいという思いから子どもたちの工夫が始まるのである。

　子どもたちはお手玉を壁の桟に乗せるためにまず何度も何度もお手玉を壁にぶつけた。しかし，なかなか乗らないため子どもたちは考え，壁との距離を次第に広げながら繰り返していった。そして，とうとう反対側の壁まで距離が長

くなってしまったとき，お手玉が壁まで届かなくなってなってしまった。この体験から子どもたちは，壁からどのくらい離れるとお手玉を投げると届かなくなってしまうということがわかったのである。

さらに，子どもたちは壁の桟にお手玉を乗せるために，今度は徐々に距離を短くし，繰り返し試してみたのである。

このように，子どもたちは園生活の中での体験や経験から得られた知的能力を活かしつつ，様々な遊びを通して環境に直接的にはたらきかけ，答えを受けとることを繰り返しながら，様々な知的能力を発達させていくのである。

5. パーソナリティの発達と園生活

（1）パーソナリティとは

パーソナリティとは通常，人格と訳される。人間はそれぞれ違った特徴をもっており，このパーソナリティは人の心身のあらゆる特徴を含んでいる。つまり，これまで述べてきた心の発達を含め，身体の大きさ，容姿，機能，習慣，態度などを他の人間と比べて，特にその人がもつ特徴の全体像を総合的にひとまとまりに見ることなのである。

具体的には，私たちはある人のパーソナリティを見るとき，その特徴を全体像で捉え「短気な人である」とか「おとなしい人である」といった形でその人のパーソナリティを表す。そして，パーソナリティは人間関係を通して相手がどのような人間であるのか，イメージや判断する一つの要素であるとともに，他者のパーソナリティと自分自身のパーソナリティとの比較により，自分がどのような人間であるのかという自己理解にもつながっていくのである。その意味でもパーソナリティの発達は重要である。

（2）パーソナリティの基礎

パーソナリティの発達において，乳幼児期は将来大人に向けての人格形成の基礎をつくり上げる重要な時期である。この時期，子どもたちは様々な直接的

な体験や人とのかかわりなどを通して，各々の子どもがその子どもなりのパーソナリティの基礎を築き発達させていくのである。

パーソナリティは，遺伝的な要因を土台とし，様々な環境的な要因が深く関連しながら，発達していく。

遺伝的要因は両親から受け継いだ遺伝情報によるものであり，環境的要因とは，この世に生を受けたときからの子どもを取り巻く様々な人的・物的環境をさしている。

パーソナリティはこの環境とのかかわりを通して発達していくわけであるが，まず子どもにとって環境要因の最も基本となるものは家庭であろう。子どもは家庭という一つの社会の中で家族の一員として生活し始める。そのため，家族とその子どもとのかかわり，つまり両親をはじめ兄弟姉妹，祖父母などとのかかわりがその子どものパーソナリティの基礎をつくり上げ，そしてその後，子どもの生活の広がりとともに，様々な体験や人とのかかわりを通してパーソナリティを発達させていくのである。

（3）園におけるパーソナリティの発達

園生活は集団生活である。その生活の中で子どもは様々な出来事や人間関係を通し，一人ひとりの他者について，その人のもつパーソナリティにより，他者に気付いたり，その人がどのような人間であるのか理解を深めていく。

さらに，他者とは異なる自分というものの存在に気付きながら，自分はどのような人間であり，どのような特徴をもっているのか自己理解を深めていく基礎を築いていくことは非常に重要なことである。

園生活において，特に子どもたちと直接的にかかわる保育者は，各々の子どもがもつ精神的・身体的特徴をよく観察し，そしてそこにみられる子どもの特徴を認めつつ，その子どもにとっての「自分らしさ」，いわゆる個性等を大切にしたい。

保育者は大人側からの視点ではなく子ども側の視点から，各々の子どもたちが自分自身を取り巻いている人々のパーソナリティの理解をしながら自己理解

を広げ深めていき，パーソナリティの基礎をつくり上げることができるよう，そして発達していけるような子どもとのかかわりや環境づくりに心がける必要がある。

つまり，日常の保育を通して，各々の子どもの将来を見据えながら，様々なパーソナリティをもつ子どもたちとのかかわりを通して，その発達の援助をしていかなくてはならない。

例えば，集中力のない子どもには集中力を必要とする遊びなどを準備したり，園生活に積極的に参加できない子どもに対しては保育者が積極的に言葉がけを行ったり，その子どもが積極的にかかわれるような絵本やおもちゃなどを準備し，その子どもが意欲的に園生活に参加しようとする人的・物的環境を整備するなど，様々な配慮をしなければならないことを忘れてはならないのである。

6. 心の発達と保育者の援助

最後に園生活における子どもたちの豊かな心の発達について，私たち保育者が心がけておかなくてはいけない点について整理する。

① 保育者は子どもが安定した園生活が送れるよう援助する

これまで述べてきた子どもの心の発達について最も基本となるものは，まず園において保育者は，子どもに積極的にかかわり子どもとの間に太い絆を形成することである。これは保育者からの子どもに対する積極的なはたらきかけによってなされるものである。そしてそのはたらきかけに対して子どもが応答する。その相互のやりとりを通して，子どもは安定した園生活を送ることができるようになるのである。

② 保育者は子どもが遊びを通して身体を動かすことの楽しさや喜びを感じられるよう援助する

遊びは子どもの心身の発達に重要である。そのため園環境について子どもの遊びを誘発する環境が必要であるが，保育者自身も子どもたちが安心して遊び

を楽しむことのできる人的環境として感じることのできるような配慮が必要である。そのためには、保育者自身が遊びの重要性を十分に理解した上で、遊びが好きで進んで遊びを展開できることが重要なのである。

③ 保育者は子どもと子どものパイプ役として援助を行う

園生活を通して子どもたちは様々なことを経験していく。その中でも友達との関係は一番身近な関係の一つであろう。その関係の中で時にはけんかをしたり、時には喜びや悲しみを共感し合ったりなど様々な経験をしていく。

しかし、幼い子どもにとってけんかのときなど、まだ相手がどのように思っているのか理解すること、または自分の思いを相手に伝えたりすることはなかなか困難である。そのため保育者はその場その場の状況を見極めながら子どもと子どものパイプ役を果たすことが重要である。

④ 保育者は子どもを励ましながら援助する

様々な遊びのうち、特に身体的な運動を伴う遊び、例えばかけっこや鉄棒、跳び箱などの遊びでは、直接的体験を通して「やった、できた」「勝った」「できなかった」「負けた」など楽しさや喜び、悔しさなどの情緒を体験する機会となる。また、友達と一緒に遊ぶことにより、他者とのかかわりを通して喜びや悔しさなど様々な情緒を共感したり、共有することができる。

このような情緒の体験が適切に得られると子ども自身に有能感が生まれる。しかし、できなかったり、下手であったりすると、子どもに強い劣等感を植え付けてしまいかねない。

保育者は、一人ひとりの子どもに目を向けて、子どもの努力を認めつつ、できないときなどは保育者が適切な援助を行うことが必要である。そしてさらに保育者は子どもを励まし、共感しながら意欲を育てなければならないのである。

⑤ 保育者は子どものバランスのよい心の発達を援助する

これまで述べてきた情緒や社会性、知的能力等はどれが欠けたとしても、子どもに豊かな心が育ったとはいえない。園における日常の保育を通して、一人ひとりの子どもの心の発達段階を知り、その上で直接的な体験を通して子ども

の心がバランスよく発達していくよう援助していかなくてはならないのである。

　これまで述べてきたように，まず直接的な体験が心の発達の基礎である。保育者は，その重要性を十分に理解し，その上で様々な心の発達のバランスに配慮しながら，子どもを取り巻く様々な環境を整え，子どもの豊かな心の発達の援助を行わなくてはならない。

■引用文献
1）近藤充夫ほか：新版乳幼児の運動あそび，p.17，建帛社，2000
2）澤田端也ほか：人間関係の心理学　人間関係の生涯発達，p.86，培風館，2002

■参考文献
村岡眞澄ほか：保育内容「健康」を学ぶ，福村出版，2001
吉田淳ほか：実践を支える保育5　環境，福村出版，1993
西頭三雄児ほか：遊びを広げ深める保育，中央法規出版，1990
モンタギュー：タッチング，平凡社，1977
若井邦夫ほか：乳幼児心理学，サイエンス社，1999
中沢和子：幼児の科学教育，国土社，1986
石井美晴ほか：改訂保育の中の運動あそび，萌文書林，2000
西頭三雄児ほか：保育内容「人間関係」を学ぶ，福村出版，2000
山下富美代ほか：図解雑学　発達心理学，ナツメ社，2003

第6章
遊びと健康

1. 遊びと心身の健康

(1) 子どもの遊びとは

　労働と生産に大きな価値を置く大人の世界では、遊びは生活時間の中の余った時間、すなわち余暇に行う非生産的活動と見なされ、軽く扱われる。遊んでばかりいる人間は、社会に貢献しない者として軽視されるのである。確かに、大人の世界では遊びは余暇に行うことが多い。しかし、子どもにとっては遊びは余暇に行う価値の低い活動ではない。余暇どころか、遊びは子どもの生活の大半を占めている。そうであるなら、子どもにとって遊びは不可欠な、重要なものであるといわなければならない。子どもにとって、遊ぶことは生きることなのであり、その中で子ども自身の可能性が花開く媒体なのである。では、子どもは遊びにおいてどのように生きるのだろうか。

　子どもの遊びに関していえることは、「子どもは自発的に遊ぶ」ということである。子どもは「遊びたい」という欲求に突き動かされ、自ら遊び出す。それゆえに、遊んでいる子どもは主体的・能動的に活動する。誰にも強制されることなく、主体的に自由に行動できるからこそ、遊びは楽しいものなのである。

　さらに遊びには次のような特徴がある。西頭三雄児は遊びの特徴として、「没入・集中」「精神的喜び」「解放感・自由感」を挙げている[1]。遊びは子ども自身の興味や関心に発して行われるものであるから、子どもは没頭して遊ぶ。実際に遊んでいるときの子どもは真剣である。例えば、どのようにして虫

を捕まえようか，どのようにして険しい土手を登りきろうかなど，一所懸命考え試行錯誤する。そして，時間を忘れ休みなく活動する。

遊びにおいて子どもは没頭し，集中するからこそ，精神的喜びや感動を味わうことができる。例えば，生き物の世界の厳しさと残酷さに触れて，驚きや感動を覚えることもある。みんなで何かを作り上げた喜びを覚えることもある。遊び込んだ満足感や充実感も精神的な喜びにつながるものである。

遊びにおける子どもは，伸び伸びし，生き生きしている。子どもたちは生活における様々な制約から解放され，自由に生きることができるのである。例えば，スプーン，箸，食器などは，生活においては食事のために使うものであり，使い方は決まっている。しかし，遊びにおいては，箸やスプーンを太鼓のばちのように使っても構わない。食器を積木のように使っても構わない。つまり，遊びにおいては，日常の制約から解放されて，子どもたちは自由に創造的に環境にかかわることができるのである。そのことが，生き生きとしたあり方を可能にするのである。

以上のように，遊びにおいて子どもたちは生きることを存分に行い，その充実感を実感しているのである。

（2）身体の健康

遊びは楽しいから行うものであり，何かの役に立てようとして行うわけではない。もしも子どもが知識を得ようとか，身体を健康にしようという目的で遊ぶとしたら，それはもはや遊びではなく，目的を達成するための学習活動であり，体育活動である。子どもたちは決してそのような目的をもって，遊びという活動をするわけではない。しかしながら，遊びはいつの間にか子どもたちの身体をたくましく成長させ，健康にしてくれるのである。

現在とは違い，人工の遊戯施設が少なく，逆に自然や空き地などが多くあった頃には，子どもたちは自然を相手にして遊ぶことが多かった。木登りをしたり，かくれんぼや鬼ごっこをした。ときには，探検ごっこで遠出をすることもあった。しらずしらずのうちに，子どもたちは身体全体を使って環境にかか

84　第6章　遊びと健康

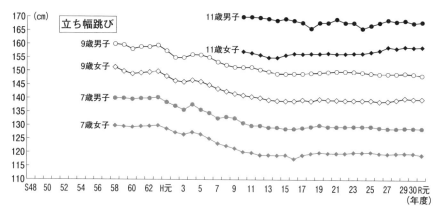

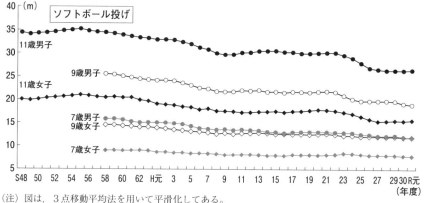

(注)　図は，3点移動平均法を用いて平滑化してある。

(スポーツ庁「令和元年度体力・運動能力調査結果」より「立ち幅跳び」と「ソフトボール投げ」)

図6－1　立ち幅跳びとソフトボール投げの年次推移

わっていたのである。そのお陰で，身体の運動機能は高められ，体力が培われた。それは，環境にかかわり，それに適応する身体能力が発達することを意味する。

　このように，遊びの中で子どもの身体的発達は促進されるのである。この身体的発達は子どもが自発的に行う活動の中で起こることである。それゆえ，子どもは，遊びの中で自然に無理なく身体的に発達していけるのである。

ところが，現代では，年々子どもの体力が低下していることが指摘されている。図6−1は文部科学省の調査結果である。近年は，体力向上の取り組みにより改善されてきたが，昭和60年頃に比べるといまだ子どもの体力は低い水準であることがわかる。握力と走力も同様である。これは，環境の変化や生活の変化のため，日常生活の中で子どもたちが身体を動かす機会が減っているせいであると思われる。それだけに，幼稚園や保育所等においては，子どもたちが十分に身体を動かして遊ぶ機会を保障する必要があるのである。

（3）心の健康

　身体の健康と心の健康は緊密に結び付いており，相互に影響を与え合っている。心が健康な状態であることは身体の発達にとっても大事なことなのである。心が健康であるとは，明るく晴れやかな気持ちで，意欲をもち，周囲に対して興味や関心を抱ける状態のことである。また，悩みや心配ごとにとらわれていない心の状態のことである。「心が解放されている」ということもできるだろう。遊びはそのような心の状態をもたらしてくれるのである。

　遊びのもつ心を解放するはたらきは，子どもの心理療法の分野で遊戯療法*として活用されている。遊戯療法は，遊びの中で子どもが自己表現をすることに着目し，その自己表現を援助することにより，子ども自身が自分の心の中にある問題を解決していくことを可能にする治療法である。通常，遊戯療法は，専門的治療者によりそれに適した特別な環境の下で行われるのであるが，治療者のいない，そして特別に構成されてもいない日常の生活環境の中でも，遊びは十分に子どもの心を解放してくれるのである。

　（1）で述べた遊びの特質は，遊びが子どもの心の健康にとって非常に有益であることを示している。私たちは誰でも，やりたいことが十分にできたとき，充実感に満たされ，心が晴れ晴れとして心配な気持ちも消え，前向きに生きていく姿勢になれる。そして，また何かしようという意欲が湧いてくる。大人の

＊　遊戯療法は，通常，室内の囲まれた空間の中で行われる。それが子どもの心を癒すのであるから，落ち着いた遊びが心の健康に重要であることは理解できる。

86 第6章 遊びと健康

場合，それを仕事の成功から得ることもあるが，多くの場合，大人は仕事から離れ，いわゆるレジャーにより活力を回復している。このことからもわかるように，遊びは心の健康にとってきわめて有益なのである。

　遊びが子どもの心を解放するのは，子ども自身が主体となり，自由に何かに没頭することができるからであるが，幼児期の子どもにとっては，それが友達と一緒になされることにもよっている。友達と活動を共にし，喜びや感動を共有することが，喜びや充実感を増大させるのである。それゆえ，一人ひとりの遊びの充実を保障するとともに，友達とのかかわりが十分になされることを保障することも肝要である。

2．室内遊びと健康

　一般的な通念では，健康というと，運動を連想する。その通念からすると，健康を増進するためには室内での遊びはあまり奨励できないように思われる。しかし，健康とは「心身の健康」であることを考えると，室内遊びも大事にする必要があることがわかる。

（1）室内の特徴

　室内空間の構造的な特徴は，外壁により外部空間と明確に区切られて，内部空間を形成していることである。外壁により囲まれた内部空間は，人にとって「安全に護られている」という安心感を与えてくれる*。それゆえ，私たちは家の中や自分の部屋にいるときには，くつろぐことができるのである。園舎にも家と同じことがいえる。

　園舎自体が囲まれた内部空間である。さらに，園舎はその内部が壁により保育室・廊下・遊戯室・トイレなどに分けられている。そして，それぞれが囲まれた内部空間となっている。このように，園舎は，幾層もの内部空間を有して

＊　ボルノウは人間にとっての空間を詳しく研究し，家は防護用の外壁と安全に庇護する屋根があることで，人間にやすらぎを与えてくれる，と指摘している[2]。

いる。子どもたちは園舎内において、大小様々な囲まれた空間に身を置くことができる。そして、園舎内のどの空間においても、基本的に子どもたちは安心感を感じながら過ごすことができる。安心感を覚えることができるので、子どもたちは遊びに専心することもできるのである。ときには狭い空間に身を寄せ合うことで、子どもたちは親密感を強め合うこともある。

落ち着くコーナー

　室内空間の二つ目の特徴は、屋外に比べてはるかに狭いことである。部屋というものは、宴会場のように広々しているよりも、適度に狭い方が私たちに安定感を与えてくれるものである。つまり、落ち着いていられる。一般的に、保育室は子どもが落ち着ける場所として、適度な広さを有している。

　さらに、保育室などの空間は、その内部にロッカー・棚・テーブル・畳など、様々な物が置かれている。それらが空間を、さらに小さな空間へと分割している。それゆえ、子どもたちは遊びに応じて分割された空間を使い分けるのである。したがって、保育室の中では、いくつかの遊びが近接して展開されることになるのである。

　室内空間の三つ目の特徴は、子どもたちを天候の変化から守ってくれることである。言い換えれば、遊びが天候に左右されないということである。

　壁や屋根は風雨から子どもたちを守ってくれる。当然、雨の中で遊ぶことはできない。また、紙などを使う遊びの中には、風があると行いにくいものもある。強風のときには、もちろん、外では遊べない。

　このように、屋外では気象状況により遊びが妨げられることがよくある。子どもにとっては遊ぶことが生活の中心を占めており、十分に遊ぶことで子どもたちは精神的に満足し、発達していく。そのことを踏まえると、子どもたちが天候に左右されず、安定的に遊べる環境は、幼稚園や保育所等において不可欠

であるといえる。室内空間はその意味で重要な空間なのである。

（２）保育室の遊び

　保育室の特徴から，子どもたちが保育室で行う遊びはある程度決まってくる。保育室は囲まれた空間であるから，子どもたちに安定感を与える。また，家具類の設置の仕方によっては，絵本のコーナーとか，ままごとのコーナー，お絵かき・製作のコーナーなど，いくつもの遊びの場所を設けることができる。このような場所は，かぎられた狭い場所である。狭い場所では，子どもたちは自ずからその場に落ち着いて，気を散らすことなく，一つの活動に打ち込むことができる。絵本の世界に浸ったり，ままごとの世界に興じるには，ある程度周囲からの邪魔が入りにくい空間が必要なのである。子どもたちはそういう空間を得ることで，集中して十分に遊び込むことができる。

　保育室はあまり動きの多くない，いわば静的な遊びに適している。室内がいくつかの小さな場所に区分けされることで，子どもたちの移動はその間を縫うようになされる。それゆえ，自由に走り回るような動きの激しい活動は起きにくい。そうした特徴も加わり，保育室では主に静的な活動がなされるのである。

　しかし，室内の物品を片付けさえすれば，保育室を一つの遊びの空間に広げることができる。そうすれば，子どもたちの好きな曲をかけて，"ショーごっこ"を展開することもできる。幼い子どもたちであれば，それだけでもかなりの運動をすることになる。このように，保育室の空間は狭いが，工夫次第で，運動量のある遊びも可能なのである。

　以上，基本的に，保育室では，子どもたちは落ち着いて遊びに夢中になることができる。子どもの心の健康という側面を考えると，十分に遊び込み充実感を得ることがまず重要である。なぜなら，それは情緒の安定を意味するからである。それゆえ，保育室での落ち着いた遊びは，それが心の健康につながるものとして，大事にする必要があるのである。

（3）遊戯室（広間）の遊び

　通常，遊戯室は囲まれた空間であり，かつ保育室よりもかなり広い。安心感の得られる空間であるが，同時に活動的な気分にさせる空間でもある。

　遊戯室は，保育室のように，テーブルや椅子などが常時置かれていることはない。その時々の使用目的に応じて，必要なものが用意される。つまり，通常，遊戯室は何も邪魔になるものはない，広々とした空間なのである。それゆえ，それは子どもたちが身体を動かして遊ぶことに適している。

　例えば，一斉活動として，保育者が指導する形で，クラスの子どもたち全員を集めて運動的活動をすることもある。また，自由遊びの時間に，子どもたちが追いかけっこをしたり，なわとびをしたりなど，運動的な遊びをすることもある。広い空間は人を躍動的な気分にしてくれるものである。それゆえ，遊戯室に遊びに来た子どもたちは，自然と走ったり飛び跳ねたりしたくなるのである。遊戯室は，安心感の下に躍動的な遊びを誘発するのである。

　しかし，遊戯室は躍動的な遊びばかりをする場所ではない。躍動的ではないが，身体全体を使うダイナミックな遊びも行われる。園によっては，遊戯室に跳び箱，マット，巧技台，大型積木などを所定の場所に用意してあり，いつでも子どもたちが取り出して使用できるようにしている。こうした道具類は，普通，保育室で使用するのは困難である。広い遊戯室であるからこそ，存分に使用することができるものである。

　例えば，子どもたちは大型積木や板を積み上げて家を作り，屋根によじ登ることもする。あるいは，跳び箱や巧技台をつなぎ合わせてアスレチックコースのようなものを作り，バランスをとりながら渡り歩くこともある。これらは躍動的な運動遊びではない。しかし，身体全体を使った遊びである。

　このように，保育室での遊びが静的なもので，手先などの一部の筋肉を使用することになりやすいのに対して，遊戯室では，腕や脚，背筋など，身体全体の筋肉を使用する遊びが行われやすいのである。それゆえ，遊戯室では，遊びを通して自然に子どもたちの身体能力を培うことができる。

3. 戸外の遊びと健康

（1）戸外の特徴

　第一に，戸外は開放的である。園により，園庭が広いところもあれば，狭い
ところもある。いずれにしろ，園庭は園舎のように完全に囲まれた空間ではな
く，開かれている空間である。天気のよい日には，青空に覆われ，日の光が降
り注ぐ。明るく広々とした空間は，私たちの気分を明るくし，心を開放的にし
てくれる。それゆえに，戸外に出ると，子どもたちは活動的な気分になり，
様々な遊びをしたくなる。園庭の環境に関心を引かれ，かかわりたくなるし，
身体を動かしたくもなる。広い園庭であれば，走り回りたくもなる。このよう
に，戸外は子どもの気持ちを明るく高めると共に，動きのある遊びを誘発する。

　第二に，戸外では自然に触れることができる。多くの園では，園庭に草木を
植えたり，花壇や菜園を作ったりしている。園によっては，小さな池があると
ころもある。草木や水があるところには，自ずと虫などの生き物が集まってく
る。秋には木の実が採れることもある。寒い地方では，冬には雪が積もる。こ
のように，戸外は自然と直に接することのできる空間である。子どもたちは自
然に触れることで，楽しい気持ちになったり，心地よさを感じたり，感動する
こともある。活動意欲が高まることもある。

　第三に，戸外は起伏に富む環境をつくりやすい。一口に園庭といっても様々
である。しかし，ある程度子どもたちが走り回ったりできる広さの園庭であれ
ば，築山があるなど，多少なりとも起伏に富む構造になっていることが多い。
園によっては，築山・小川・草原・植え込み・道など，野山のような園庭を
作っているところもある。このような園庭では，地形はかなり起伏に富み，姿
を隠せるような場所もある。それゆえ，園庭を歩き回ることは，まるで野山を
歩くようなものである。

　第四に，戸外では，基本的に年齢を超えて多くの子どもたちが一緒に遊び，
交流することができる。保育室はそこを使用する子どもたちが決まっているの

3. 戸外の遊びと健康　91

開放的な園庭

で，保育者が子どもたちを連れて行くのでない限り，異なるクラスの子どもたちが自然に集まって遊ぶことはない。一方，園庭は誰もが自由に使うことができるので，自然に，異なる年齢の子どもたちが一緒に遊ぶことができる。しかも，園庭のもつ開放性が子どもたちの気分を積極的にするので，子どもたちの行動範囲は広がり，子どもたち同士の交流がより活発になるのである。

（2）心の健康

　上記のように，戸外は開放的な特徴をもっている。それゆえ，園庭に出ることだけでも，子どもたちの心は開き，気分が明るくなる。天気のよい日であれば，なおさら子どもたちの気分は明るくなり，笑顔があふれる。それは，子どもたちが意欲的になっていることであり，積極的に活動しようとする状態になっていることである。

　明るい気分であるときには，子どもたちは他者や出来事を快く受け入れることができる。それゆえ，周囲の人との人間関係を良好な状態に保つことができるのである。友達との関係が良好であることは，逆に子どもの心を安定させてくれる。

　また，戸外で自然に触れることも，子どもの心を豊かにし，明るい気分をもたらしてくれる。植物，生き物，自然現象とかかわることで子どもの感性は刺激され，物事を敏感に感じられる心が育つ。そうした豊かな心は子どもの生活

を豊かなものにし，充実感をもたらしてくれる。

　そして，園庭は四季を通じて子どもの興味を刺激してくれる。園庭に出るたびに，子どもたちは新しい発見をするといってもよい。それゆえ，園庭は子どもの意欲を育てる場所であるといえる。

　このように，戸外は子どもに明るい心情や意欲をもたらす。子どもたちが生き生きと，意欲的に生きることは心の健康を保つ上で重要である。そして，それは子どもの発達全般にとって不可欠なことである。

（3）身体能力の育ち

　戸外は子どもたちを活動的にする。したがって，園庭では，子どもたちは活動的な遊びをすることが多い。もちろん，砂場でままごとをしたり，テーブルで色水を作るなど，静的な遊びをすることもある。しかし，室内に比べれば，はるかに活動的な遊びが多くなるのである。

　例えば，トンボやチョウを捕らえようとする子どもたちは，捕虫網を持って園庭を歩き回ってそれらを探す。見つけると，逃がすまいと走る。トンボはなかなか捕まらない。それでも，子どもたちは簡単にはあきらめず，熱心に虫捕りを続ける。子どもたちは広範囲にわたり動き回り，身体全体を使う。起伏の多い園庭では，動き回るだけでも子どもたちはかなりの量の運動をすることになるのである。

　砂場での遊びも身体運動に貢献する。子どもたちはシャベルやスコップで砂山を作ったり，穴を掘る。バケツに水をくんできて掘った穴に注ぐ。水を運ぶために，砂場と水道の間を何度も往復する。子どもたちは年齢が大きくなるほど，ダイナミックな砂遊びを展開する。年長児であれば，砂場をプールのようにしたり，木材を持ち込んで橋にしたり，コンテナを運び込んだりなど，豪快な遊びをすることもある。

　他にも，音楽に合わせて踊ったり，三輪車や自転車に乗ったり，ブランコに乗るなど，園庭では身体全体を使って遊ぶことが非常に多い。園庭が広い場合には，移動する際に，子どもたちはすぐに走る。このように，園庭での遊びを

通して，自然に子どもの身体能力が養われるのである。

（4）水遊びによる爽快な気分

　子どもたちは水遊びが好きである。砂場で泥水を作って遊ぶことはよくある。ときには，子どもたちは自分もびしょ濡れになるほどのダイナミックな水遊びをすることもある。夏のプール遊びはその代表的な遊びである。その他にも，蛇口に手を当てて水を勢いよくとばしたり，ホースで頭上高く水を噴き上げたりもする。

　このようなダイナミックな水遊びをしているときの子どもは，はじけるような笑顔で，実に生き生きしている。勢いよくほとばしり出る水は，エネルギーの横溢を連想させる。子どもは水遊びの中でエネルギーを発散させるのである。それゆえ，水遊びは気分を爽快にしてくれるのである。これは精神衛生上も効果的である。

4．運動遊びの意義

　園庭は，特に運動量の多い運動遊びに適している。例えば，鬼ごっこやサッカー，ドッジボールなどは，子どもたちの好きな運動量の多い遊びである。

（1）友達と一緒に行うことの意義

　運動的な遊びは，多くの友達と一緒に行う場合がほとんどである。鬼ごっこにしろサッカーやかけっこにしろ，運動的な遊びの多くは何らかのルールを伴ったものである。ルールを伴う遊び，特にゲーム性の強い遊びは，相手がいないことにはその遊び自体が成り立たず，面白くない。したがって，ルールを伴う運動的な遊びは，自ずから仲間と行うことになる。つまり，それらの遊びは友達と一緒に行うことで，その楽しさが生じ，強まるのである。それは，参加する子どもたちがその遊びに夢中になることを意味する。

　また，友達と一緒に行うことは，一緒に遊んでいる仲間から終始刺激を受け

ることを意味する。かけっこやリレーをするのであれば，相手と競うことで刺激を受ける。なわとびやブランコなどは，友達の跳び方やこぎ方に影響され，同じような跳び方や，こぎ方をしたり，新しい工夫をしたりする。こうして，一緒に遊ぶ仲間に刺激されて，子どもたちはその遊びに夢中になるのである。

　このように，運動的な遊びは，子どもたちが友達と一緒に行うことにより，子どもたちの活動意欲をかき立てる。その結果，子どもたちは身体を存分に動かすことの楽しさを味わうのである。そして，同時に，子どもたちの身体能力が培われるのである。

（2）全身の運動能力を使う

　運動的な遊びの特徴は，全身の運動能力を使う点にある。現在の日常生活の中で，私たち大人は特別に運動の時間を設けるのでない限り，ボールを蹴ったり投げたりするときのように，脚や腕・肩・背筋などの筋肉を思いっきり使うことはほとんどない。全速力で走ったり，思いっきりジャンプしたりすることもない。つまり，全身的な筋肉を使うことはほとんどないのである。活動意欲に富む子どもの場合でも，現在の生活環境では，全身的な運動をする機会は少ない。身体の成長期にある子どもにとっては，全身的な筋肉を十分に使うことはきわめて重要なことである。

　運動的な遊びでは，日常生活ではあまり使うことのない全身的の筋肉を，無理なく自然に使うことができる。例えば鬼ごっこやかけっこでは，腕や脚の筋肉を十分に使う。心肺機能も十分にはたらかす。このような全身的な運動により，瞬発力や敏捷性，持久力，バランス感覚など，様々な運動能力が高められるのである。

　全身的な運動能力を高めることは，けがを防ぎ，子どもたちが健康で安全な生活を送る上で大事なことである。そして，そのような運動能力は，室内での遊びでは十分には高まらない。それゆえ，天気のよい日には，子どもたちが戸外で遊びたくなるように，保育者は環境を構成したり，子どもたちにはたらきかけることが大切である。

（3）身体的な充実感を得る

　運動遊びは身体を積極的に動かすので，子どもの活動意欲を高揚させる。すなわち，エネルギーを外へと発散させる開放的な気分を高めるのである。この開放的な活動意欲が，子どもの身体運動を活発にするのである。そして，開放的であることが，周囲の環境や友達へのかかわりを促すのである。

　開放的な気分の下で身体を存分に動かし，遊びに夢中になることで，子どもたちは，いわば身体的な充実感を得ることができる。絵本を読んだり絵を描いたりすることは，内的世界を探究する充実感，すなわち精神的な充実感を与えてくれる。それに対して，身体を動かして遊ぶことは身体を動かすことの楽しさ，汗をかくことの気持ちよさを味わわせてくれるのである。これは，身体を動かすこと自体による充実感という意味で，身体的な充実感といえる。

　身体的な充実感は開放的な気分と一体であるから，身体的な充実感を覚えることで開放的な気分が高まる。その結果，子どもたちは，再び運動的な遊びをしたいという意欲を抱くのである。その意欲が運動能力の向上，すなわち身体の健康につながるとともに，心の健康にもつながるのである。

■引用文献

1）上出弘之・伊藤隆二編：子どもと遊び，福村出版　pp.74－81，1980
2）ボルノウ，O.F.：人間と空間，せりか書房，pp.124－126，1978

■参考文献

アクスライン：遊戯療法，岩崎学術出版社，1972
ウィニコット：遊ぶことと現実，岩崎学術出版社，1979

第7章
健康にかかわる遊びと保育者の援助

　保育の基本は，子ども自身が主体的に環境にかかわっていく体験から得られる充実感を大切にし，そこから子ども一人ひとりの発達を促すようにすることであるといわれる。またそれは，実際には"遊び"を通した総合的な指導であり，援助である。「幼児の自発的な活動としての遊びは，心身の調和のとれた発達の基礎を培う重要な学習である」[1]からである。

　本章では，保育者が子どもたちの心身の健康について留意しながら遊びに加わったり遊びを援助したりする役割を，どの園でもよく見られるいくつかの遊びの事例を通じて述べることにする。

1. 園庭の遊具での遊び

　園庭の遊具といえば，いわゆる固定遊具*がまず挙げられる。他にも，例えば三輪車や竹馬・なわとびの縄・綱引きの綱・砂場の道具など外遊びに使われる遊具には様々あるが，ここでは固定遊具の遊びを取り上げることにする。

　園によって園庭の環境もまた様々であるが，代表的な固定遊具を挙げてみるなら，ぶらんこ・すべり台・雲梯・ジャングルジム・鉄棒・登り棒，そして複

＊　遊具は，固定遊具と移動遊具に大別される。ここで取り上げていない移動遊具としては，運動遊具（トランポリン・巧技台など），乗物遊具（自転車など），構成遊具（積木・ブロックなど），科学遊具（こま・水鉄砲など），ままごと遊具，砂遊び遊具（シャベル・砂型など），人形劇用遊具（指人形・人形劇用舞台など），楽器類（鈴・ハンドカスタなど），行事遊具（こいのぼり・ひな人形など），ゲーム遊具（カルタ・トランプなど）がある（森上史朗ほか編：演習保育講座6　保育内容健康，光生館，p.137，1996）。これらを園庭で用いれば，それも"園庭の遊具での遊び"ということになる。

1. 園庭の遊具での遊び　　*97*

合的な機能を備えもったアスレチックなどがある。

事例7－1　すべり台に登ってはみたものの　　3歳男児5月

　保育者が，砂場で他の子どもたちとままごと道具の型抜きでプリンやドーナ
ツを作っていたとき突然大きい組のすべり台の上から泣き声がした。駆け寄っ
てみるとコウヘイがすべり台の上で動けなくなって泣いていた。近くにいた年
長児に聞いてみると「急に泣いた」ということで，どうやら大きい組のすべり
台の上まで登ってはみたものの辿りついたところで周りを見た途端，突然怖く
なってしまったということらしかった。

事例7－2　好きにできないぶらんこ　　3歳女児5月

　ユウナは入園後しばらくは，園庭など目に入らない様子で幼稚園じゅうの保
育室を目まぐるしく駆け回ってはそこで気に入ったおもちゃを見つけて過ごし
ていた。5月，園庭のポールに泳いでいる大きなこいのぼりに興味を惹かれる
様子が見られたので，保育者はすかさず誘いかけユウナは初めて庭へ出た。以
来，ユウナはぶらんこから離れなくなった。1学期のこの頃，ぶらんこは子ど
もたちに大人気で大勢の行列ができていたが，ユウナは「じゅんばんこだよ！」
「代わって」と年中・年長児に言われると，にこにこした顔で「じゅんばんこー」
と声を出しながらちょこんとぶらんこに乗り続けていた。そのとき，別の3歳
児が列の途中から出て行って何も言わずにユウナを引きずりおろした。ユウナ
は一瞬何が起きたのかわからない様子だったが次の瞬間大泣きを始めた。

事例7－3　雲梯に挑戦し続ける日々　　4歳女児10月

　年中組の2学期後半，サキたちはこの頃庭の雲梯のところで待ち合わせをし
ているらしく登園するなり外へ出て行く。三人で過ごすことが楽しくて仕方な
い様子で，他の子どもが一緒に遊ぼうとして声をかけても「いやっ，遊ばな
い！」と邪険に断わっている姿が目につく。保育者の姿を見つけると「見て
て！」と訴えに来ては披露して見せてくれる。黙々と雲梯の端から端まで渡る
練習を続けた三人は，保育室に戻ってくると今度は手のひらを保育者に見せに
来る。手には赤くむけたマメができていた。保育者が，薬を塗りながら「がん
ばったごほうびのマメだね」と称えると実に誇らしげであった。

98　第7章　健康にかかわる遊びと保育者の援助

こんな技も自由自在（5歳児，雲梯）

> **事例7－4　登り棒の"忍者登り"・"足なし降り"　5歳男児6月**
> 　普段から身体を動かすことが大好きな二人は，固定遊具でも独創的な遊び方を考え出しては周りの子どもたちの憧れをかっていた。今回二人が始めたのは，2本の登り棒の間に立ち，左右の手足を左右の棒に広げカニのように踏ん張って登り，帰りはそのまま手だけでぶら下がって少し下りると，身体をゆすってジャンプし着地するという難しい技だった。特に登り方が目を惹いたようで「忍者みたい！」と他の子どもたちもまねしてやりたがるが，ユウイチやマサルのように身軽ではないうえ，靴を履いたままだとすべってしまう。そこで保育者は，登り棒の下にござを敷き，必ず裸足になって行うようにした。
> 　今までは1本の登り棒にお猿のように飛びついていたのを2本の棒の間を忍者のようにずり上がっていくのであるからたいへんである。保育者もおしりを支えたりして手伝うがなかなかうまくいかず，諦めたり，イライラしたりする子どもたちの姿もあった。ユウイチたちは，登り棒のてっぺんに座って高見の見物。「忍者登り見せてあげて」「教えてあげて」の保育者の促しには足なし降りでヒラリと飛びおり，言葉少なくやってみせてくれた。

（1）遊びの特質

　四つの事例を続けて示したが，ぶらんこやすべり台などの固定遊具での活動は，家庭での過ごし方や園での活動の仕方により，「経験の差」が生まれ，こ

の「経験の差」に大きく左右されるという特質がある。つまり，できるかどうかではなく，やったことがあるかどうかという問題である。極端な例を挙げれば，ある男児の場合，幼稚園を卒園後，小学校の先生から「ぶらんこがこげない」という指摘がなされ，まったくそんなことを意識していなかった母親が幼稚園時代の担任保育者に問い合わせてきたという話がある。担任によればこの男児は園庭では友達とのヒーローごっこや砂場での基地作りに没頭していて，確かにぶらんこに乗っている姿はほとんど見たことがなかったという。保育者は，気付いて少しでもぶらんこに誘うべきであったのか，それとも男児自身が自ら没頭する遊びに打ち込むことを支え励ましたことでよかったのか大いに悩んだ。

　ここで考えたいこの活動の特質は，子ども自らが「やってみたい」「できるようになりたい」「わたしも」「ぼくも」という気持ちになって加わるところから始まるということであろう。そうして初めてその子自身の集中力・持久力・体力・筋力・運動能力などが発揮され，園という集団生活ゆえのルールや約束事を身をもって学んでいくことができる。また，年齢が上がれば，自分と友達を比べることや，友達と競い合うこと，相手を応援する気持ちを培うこと，一緒にできるようになった喜びを味わうことなど身体を使った遊びを通じて人とかかわる経験を様々に積み重ねるようになっていくのである。

　その意味で，事例7－1のコウヘイは入園して少しずつ園の庭にも慣れてきて，大きい組のすべり台に「ぼくもやってみたい」という好奇心と意欲一杯でよじ登って行ったといえる。事例7－2のユウナは大好きなぶらんこに思うがままずっと乗っていられないという現実に出会っている。事例7－3の女児たちは手のひらの皮をむきながらも雲梯に挑戦し，友達と一緒に過ごす喜びと友達と競い合う手ごたえを楽しんでいる。事例7－4では，保育者の出したござの回りには靴がずらっと並び，ユウイチたちを目指して登れるようになりたい意欲満々の子どもたちで登り棒のあたりはたいへんな混み具合となっていた。

　興味や意欲を発揮して園庭で十分に身体を動かすことは，遊びを通じて人とかかわる様々な経験を促し，そこで必要な態度を養い，達成感，充実感などを

100　第7章　健康にかかわる遊びと保育者の援助

十分味わうことによって心身の調和的な発達に通じているといえる。

（2）援助の要点

1）大勢の中での個々の動きを把握すること

　事例7-1のコウヘイにとって興味や好奇心が広がることはたいへん好ましいことではあるが，反面，園庭の遊具にはまだまだ不慣れであり，大勢で一緒にこれらの遊具を使うことに遊び慣れていないことから危険も大きい。子どもたちの行動範囲が広がってきた頃は，保育者の方でも子どもの個々の動きに注意を払い，危なくないかどうかを絶えず注意して見ていく必要がある。「見る」ということは何となく見ていたのでは把握できないことが多々ある。子どもの中に入って一緒に遊び込むことは大切なかかわり方の一つであるが，時には距離を置いたり，立ち上がって見回したりして個々の子どもの動きを把握するようにしたい。

2）年齢や時期を考慮すること

　年度始めの新入・進級の時期は新しい環境や新しい人間関係で園全体がスタートしたばかりの不安定なときである。また，寒い冬の朝は思うように身体が動かないこともある。同じ遊具でも年齢によって時期によって身体の使い方や動きは異なる。保育者同士園庭の環境や活動についての共通理解を図り，遊具の使い方，使う場所，子どもたちの状態について密に連絡し合うことを怠らないようにすべきである。

3）技術的な指導の仕方を研究すること

　年齢や時期によって技術的な援助の仕方も違ってくる。事例7-3で雲梯に必死に挑戦しているサキたちであるが，本人たちの好きなようにさせておくだけでは適切な援助とはいえない。手の握りの向きや，反動を利用して重心を移動させるコツといった技術的な指導が欠かせない。また，個人差も考慮せねばならない。例えば，身体を動かすことがあまり得意ではないもののがんばっているユウキには身体を後ろから支えるなど補助の仕方を変え，個々に応じた援助が重要となる。同様に，鉄棒の前まわり，ぶらんこのこぎ方，なわとびの跳

び方など，補助具や目印，援助の言葉のかけ方など保育者は子どもの運動発達を勉強し，実際にどう指導すべきなのかを研究する必要がある。

4）子どもたちの動きに合わせて環境を再構成すること

　また，思いがけず展開する子どもたちの遊びにどうかかわるかという問題もある。事例7－4の保育者は，一瞬迷いはしたものの，ユウイチとマサルが考えた登り方にみんなが挑戦することを止めることはせず，より多くの子どもたちが安全に「忍者登り」に挑戦できるようにござを出し，靴を脱ぐ場所を決め，裸足になるというきまりをつくった。そして保育者は，この登り方に習熟する者が出始めたり，個々の興味の持続具合に差が出始めるときまでは，しっかりと自分がこの場についてかかわるべきだと判断したのである。

5）何かに挑戦している姿を心から応援すること

　子どもがその子なりに何かに挑戦しがんばっている姿には心からの声援を送りたい。「ねぇねぇ」「見てて」という要求には，一人ひとりにその都度できる限り応えたい。さらに大切なことは，この「やってみたい」という能動的な気持ちをいかに引き出すかということである。あるいは，その子ども自身の「やってみたいことは何か」に保育者が敏感でいることである。認められ，励まされることによって子どもたちの興味や意欲はますます豊かに広がり「次はこんなこともやってみよう」という前向きな気持ちにつながるからである。

6）遊具の特性や危険性を把握しておくこと

　適切な援助を行うためには日頃から各固定遊具の点検を欠かさず，特性や危険性を把握しておく必要がある。固定遊具は，つかまったりぶら下がったり，バランスをとったり，登ったり下りたり，子どもの様々な運動機能を要求するように設計されている。だが，子どもはいろいろな遊び方を考え出し，やってみようとする。いくら能動的な活動とはいえ，園庭の環境や保育形態，子どもたちの人数や技術からいって，全面的に奨励できない遊び方も出てくる。例えば，狭い園庭のジャングルジムになわとびの縄を何本も結び付けて遊んでいたらどうだろう。安全性に関しては，起こさずに済む事故は何としても防ぎたいものである。ルールやきまりとして押し付けるのではなく，どういう遊び方が

102 第7章 健康にかかわる遊びと保育者の援助

なぜ危険なのか子どもたちと一緒に考えながら伝えたい。

2. 鬼ごっこ

　鬼ごっこは，園生活の中で子どもたちの生活や人間関係を豊かに育んでくれる，いわば遊びの王道ともいえる遊びである。年齢が低くても，室内でも戸外でも用具や遊具がなくとも楽しむことが可能で，しかも年齢によって遊び方が変わり，遊びの醍醐味が変わり，繰り返し楽しむことのできる遊びであるといえる。

事例7－5　おおかみから逃げる，おおかみを追う　3歳児10月

　幼稚園にも随分慣れ，それぞれ保育者ともかなり関係が深まってきた10月末，大好きな『おおかみと七ひきの子やぎ』のお話をみんなで楽しんでいると，「あたしちびやぎちゃん」「あたしも」「○○も」と子やぎになった子どもたちでいっぱいになった。そこで保育者は用意してあったお面をかぶり，子どもたちとは違うおおかみ役を演技力たっぷりに表現し，家の扉を開けてくれない子やぎたちを思い切り脅かした。保育者は子どもたちと1回，2回お話どおりの問答を繰り返すと，最後は大声とともに子やぎの子どもたちを飲み込む勢いで追いかけた。年少組の子どもたちは興奮してキャーキャー言いながら逃げていく。中にはちびやぎのように物陰に隠れようとする子どももいた。違う遊びをしていた子どもたちも一緒になって逃げ出したり，わけもわからず興奮し，喜び走り回ったりした。何度も繰り返すうちに今度は，子どもたちみんなでおおかみを追いかけ始めた。大勢に捕まり，跳びつかれ，おおかみもとうとう降参した。

（1）遊びの特質

　鬼ごっこは，身体的にも精神的にも様々な側面を備えた遊びである。「追う－追われる」というスリルある相互の役割関係があり，全速力で走ったり止まって向きを変えたりという運動的側面があり，群れて遊ぶ中での子ども同士の人間関係や個々の子どもの人とのかかわり方の特徴，状況や役割についての

理解の程度などがはっきりと現れ出るという側面もある。

　事例7-5では，ただ大勢で走り回る興奮を楽しんでいる子ども，一緒に手をつないで必死に隠れようとする子ども，子やぎになりきって「どうしておかあさんの声はそんなにガラガラなの？」と話しかけてくる子どもなど，この場面の理解の仕方・参加の仕方は3歳児特有の個々ばらばらなものであるが，そんな中にもその子らしさが感じられて面白い。繰り返すにつれ，役割が逆転し子やぎ全員が鬼になってしまうのもこの年齢ならではの光景である。

　また鬼ごっこは，遊び可能な空間的環境に応じて保育室内でも，遊戯室でも，戸外でも行うことができ，一対一でも，かなり大勢でも楽しむことができる。

　幼い頃から電子機器やスマートフォンなどに触れる今の子どもたちであるが，鬼ごっこの世界には伝統的に遊び伝えられてきた遊び方（例えば，「あぶくたった」や「おおかみさん今何時？」「色鬼」「高鬼」「氷鬼」「どろけい」など，p.105参照）が多くある。もっとも近年は地域の子ども集団が成立しにくくなり，近所の異年齢の子どもたち同士で鬼ごっこを楽しむ姿はほとんど見かけなくなった。そのため，集団保育において保育者が新しい遊びとして伝承していく機会や役割が重要になってきている。身体を思い切り使い，群れて遊ぶ中で子どもたちは，助けたり頼ったり，勝敗を喜んだり悔しがったり，作戦を立てて挑んだり思わぬ展開に慌てたりなど，人とかかわり合うことの手ごたえや面白さ，やり方を経験し，学ぶことができるのである。

（2）援助の要点

1）保育者の主導権の度合いを調整すること

　まず，鬼ごっこに保育者がどんな役割をもって参加するのかがポイントとなる。このことには，年齢の違いが大きく影響してくる。例えば，「鬼きめ」の際のじゃんけんの理解もまちまちである年少3歳児と一緒に行うときと，遊びに伴うトラブルまでも自分たちで意見を述べ合い，解決していこうとする5歳児の高鬼に誘われたときとでは，参加の度合いも姿勢も当然変わってくる。素朴な追いかけごっこから組織化された陣取りゲームへの進化に伴い，保育者の

取るべき役割は違ってくるのである。

　大勢で行う鬼ごっこの場合，子どもたちの年齢が低いほど保育者が遊びの主導権を握る度合いは大きい。年齢が上がるほど保育者は主導権を緩め，一緒に入らなくても子どもたちだけで遊びが進行していくようにする。生活の中での経験も育った環境も様々な年少児の場合，事例7－5のような保育者一人対子どもたち大勢という「追う－追われる」関係で十分楽しむことが前段階として必要になってくる。場合によって保育者は追う側の鬼をやりながらも，逃げるスリルを伝え促すため，同時に二役を行ったり来たりすることも多々ある。また，「じゃんけんで負けた人が鬼」「タッチされたらアウト」「初めにタッチされた人が次の鬼」といった基本的なルールとともに鬼ごっこの遊び方や面白さを伝えていくようにする。誰が鬼であるかをわかりやすくするには帽子やお面，タッチ用の棒などを使って視覚的な工夫をするとよい。中には，タッチされた途端怒り出したり，泣き出したりする年少児もいることであろう。大勢でする遊びは一定の共通理解のもとでこそ遊びの面白さが経験できるので，保育者は個々の状況に応じてかかわりながら，主導権を発揮し遊び方を知らせていく必要がある。

２）トラブルに根気よく付き合うこと

　4歳児・年中組はそれぞれの自己主張，思いの食い違い，考え方や理解の仕方の違いなどから起こるトラブルの一方で友達を求める気持ちが強く，人間関係の葛藤を経験するようになる。いざこざが頻発し，保育者は事あるごとに「せんせー」「せんせー」と呼ばれる。集団での遊びの楽しさが持続していくためにはどんな態度が必要なのかを子どもたちと一緒によく考え，子どもたち自身が納得できる解決を目指すと同時に，知らせるべきことはタイミングよくその場その場で明確に伝えるようにする。例えば「鬼きめの仕方」「チーム分け」「共通ルールの徹底」「陣地や安全地帯の作り方」「カラー帽子・ライン引き・サッカーゴールなどの小道具の用い方」などを伝えつつ，トラブルの仲立ちを何度でも繰り返し行う必要がある。

３）子ども同士の話し合いや相互理解を図ること

　５歳児・年長組の子ども同士の鬼ごっこでは保育者は口出しすることを慎み，必要に応じてトラブルの話し合いを支え，細かなルールを再確認していく。相手の立場や気持ちに気付き，自分の意見をその子なりに述べられるように配慮し，仲間に入るときにはメンバーの一員として対等な立場で参加する方向でいく。

４）人とかかわる力が育つようにきっかけをつくること

　子ども同士の関係をつくったり広げたりする意図をもって新しい遊びを保育者が知らせていく場合があるが，鬼ごっこはその最適な例の一つといえる。例えば，特定の友達との関係が充実してきたならば，もっと大きな集団での友達関係のきっかけをつくるべく「ねことねずみ」（次頁参照）のような集団で楽しむ鬼ごっこを導入することがある。遊び慣れないうちは，保育者が中心になって遊び方を知らせていくが，次第に子どもたちだけで楽しむ姿が見られるようになる。クラスの中でかかわりの少なかった関係や，新しい友達が生まれるきっかけとして人間関係を豊かにしていく方向へつなげていきたいものである。

〈いろいろな鬼ごっこの遊び方〉

「あぶくたった」「おおかみさん今何時？」

　いわゆるわらべ歌・伝承遊びは，地方によって様々な歌詞で歌われ遊ばれているが，筆者が子どもたちと遊んだ**あぶくたった**は，後半部分で戸棚の中に入れられていた鬼役が「トントントン」とやってきて「何の音？」「風の音」「ああ，よかった」という具合に，**おおかみさん今何時？**　は「おおかみさん，おおかみさん，いま何時？」「いまは夕方の５時」「おやつの３時」などという具合に繰り返しの問答があって，それぞれ「おばけの音〜」「夜中の12時！」という鬼役のせりふを合図に鬼ごっことなり，鬼役が交代する遊びである。

「色鬼」「高鬼」「氷鬼」

　細かなルールや遊び方は，地域や園，遊び手である子どもたちによって違いがあり，「バリア」「10秒ルール」「手のばし」などその場で共通理解されていく追加ルールでも変わるが，**色鬼**は鬼が指定した色のものにタッチしに行く間に，**高鬼**は安全地帯である高さのある場所に逃げ込む間に，鬼からタッチされたらアウトで交替というのが基本的なスタイルである。**氷鬼**は，鬼からタッチ

されると氷になってその場で固まり動けなくなるが，まだ捕まっていない仲間が来てタッチしてくれると再び溶けて自由になれる。

「どろけい」

「けいどろ」「どろじゅん」ともいう。泥棒と警察の2チームに分かれ，警察は泥棒を追いかけ捕まえて自分たちの牢屋へ入れるが，泥棒チームは隙をついて牢屋にいる仲間にタッチし助けに行くことができる。どちらのチームかひと目でわかるようカラー帽子などを使う。また，安全地帯として泥棒の家を作ってもよい。

「ねことねずみ」

線を引いて対面したり，丸い陣地に入ったりしてねことねずみの2チームに分かれ，どちらが逃げるかをコールする役の保育者や子どもが両者の間に立つ。「ね，ね，ね，ねこー！」でねこが逃げ，「ね，ね，ね，ねずみー！」でねずみが逃げる。安全地帯に逃げたらセーフ。「ね，ね，ねんどー！」とか「ね，ね，ねばねばなっとうー！」などと引っ掛けコールすると面白い。

3．ボール遊び

「ボール」と一口に言っても，大きさや素材により様々である。乳児クラスに見られる布でできたボール，ビーチボールのような空気で膨らませたボール，新聞紙を丸めて作ったボール，おもちゃ箱の中のボーリング用のプラスチックボール，スーパーボール，スポンジのボール，まりつき用のゴムボール，野球用の小さなボール，園庭でドッジボールやサッカーに使われるボール，など。

また，使われ方を考えると，運動的な活動に使われるばかりでなく，段ボールのそりに積まれてサンタさんのプレゼントになったり，戦いごっこの爆弾や恐竜のたまごになったりする。あるいはマットや跳び箱，巧技台などと同様に運動遊具として用いた活動に関しては，自由な活動として行うのか，課題活動・一斉活動の中で行うのか，担任保育者がかかわるのか，専門講師のかかわりによるものなのかによって実際の様子は大きく異なる。

ここでは，自由な活動としての遊びの中で見られる「ボール遊び」を取り上げることにする。

3. ボール遊び　　107

いろいろなボールの例

事例7－6　"100回まりつき"にチャレンジ　4歳女児

　クミ，エリ，モエコは，3歳児・年少組のときから仲良しだった三人組だが，このところ，気の強いエリが小さくておとなしいモエコと二人きりになりたがり，クミをはずそうとするようになっていた。クミはなかなか自分の気持ちを訴えて来なかったが，一人にされるといつもボールを抱いて過ごしていたので保育者はボールを通じてクミの気持ちに近づけるかもしれないと思い，クミの方へころがしてみたり，クミの傍らで「あんたがたどこさ」のまりつきをしてみたところ，興味を惹かれた別の子どもたちがボールを持って加わってきた。そこでクミも誘って丸くなり，「ころがしっこ」や「ボールおくり」を楽しんだ。

　次の休み明けの月曜日，クミは朝の身支度を済ませるとすぐにピンクのボールを取りに行き，保育室の真ん中で床にポンポンと弾ませ始めた。上手に長く続けるので保育者はそれをほめ，近くの子どもたちと回数を数えてみた。50回くらいは楽に続く。「すごい，クミちゃん。これじゃあすぐに100回になっちゃうね」と声をかけると「うん！」といつになく元気な返事が返ってきた。

　その日から黙々とまりつきをするクミの姿が見られるようになった。周りには「いち，に，さん，し，ご…」と声を出しながらまりつきに挑戦する他の女児たちも集まって来ていた。あとになって母親から聞いた話によると，クミは家でもまりつきを練習していたらしく，「先生がクミに100回できちゃうねって言ったんだよ」と嬉しそうに話していたということであった。そうして程なくクミは実際にみんなに「100回まりつき」を披露して見せてくれた。これには

108　第7章　健康にかかわる遊びと保育者の援助

さすがのエリも「くみちゃんやったね，すごいね」と心から一緒に喜び，クミも今までよりはっきりと自分の気持ちを伝えるようになっていった。

事例7－7　ドッジボールに入りたいのに　5歳男児

　すらりと身長が高く一見運動が得意に見えるヨウタだが，人とのかかわりには苦労しているところがあった。いつも決まった相手と少人数で室内の片隅の空間で過ごしていることが多かった。一方，年長2学期後半の園庭では，二手に分かれたドッジボールが連日さかんに繰り広げられており，身体を動かすことが大好きなメンバーが核となってくる日もくる日も続いていた。

　そんなある日，園庭に面したテラスでゴロゴロしながらポケモンの本をめくっていたヨウタたち三人の所へボールが転がって行った。今までは室内の片隅で過ごしていたヨウタたちであるが，このところこのテラスからドッジボールに目をやっている姿があった。「おいヨウタ，ボールとってー」とマサルがこちらから声をかけたとき，ヨウタは投げ返すどころか，全然違う方向へボールを蹴飛ばしてしまった。これにはマサルも怒り，「何するんだよっ」とヨウタにつかみかかって行った。ドドドッと数名の男児が加わって責め立てられ，ヨウタはしぶしぶ自分の蹴飛ばしたボールを取りに行かされた。隠してはいたが，保育者は，ヨウタがあふれてきた涙をそっと自分の袖でぬぐっている姿を見て，ヨウタも仲間に加わって楽しむためには，どうしたものかと考え込んだ。

（1）遊びの特質

　自由な活動の中での「ボール遊び」を見ていると，ただ持って歩いているような場面，個人の活動として蹴ったり転がしたり思い思いに取り組む場面，まりつきのように一つの技術習得に集中するような場面，数人で競い合う場面，大集団で1個のボールを用いて遊ぶゲームの場面などがある。「ボール遊び」は，個で身近に親しむ遊びと子どもたちそれぞれに異なる技術・能力を出し合って対抗したり協力し合ったりして楽しさを共有できる遊びの両面をあわせもっているといえよう。また，「ころがす」「捕まえる」「投げる」「蹴る」「打つ」「キャッチする」「つく」「ゴールする」などボールを操る技術が問われ，

しかもそれが傍目からもはっきりと見て取れる特徴がある。

　遊びへの取り組み方には個人差があり，やってみたい気持ちをもちながら事例7－7のヨウタのように一旦きっかけをつかみ損ねて出遅れると自分から進んで遊びに加わってみるにはプライドが邪魔をしてしまうという事態が生じる。また反対に事例7－6のクミは，三人で一緒に過ごせなくなった淋しさをきっかけに，みんなの前でまりつきをやってみせることにより自信がつき，エリたちとも新たなかかわりをもてるようになった。

はじめてのドッジボール（4歳児）

（2）援助の要点
1）十分な空間を確保し安全の確認を行うこと
　まず，遊びの性質からいってある程度の広さの空間を必要とする活動であることから，空間的な環境をどう整えるかが大きな援助のポイントとなる。しかも，活動空間そのものだけでなく，その周囲の環境にも配慮しておかねば危険を伴う結果となる。仮に，場所としては他の子どもたちの活動の邪魔もしていなければ，広さとしても十分であったとしても，そこが外の道路に面している園の正門のすぐ近くだとしたらどうだろうか。あるいは，乳児クラス専用の仕切られた庭のすぐ横だとしたらどうだろうか。ボールはどうしても転がり出たり，飛んで行ってしまったりする事態が考えられるので十分注意しなければな

らない。このことは保育者だけが配慮することではなく，遊んでいる子どもたち自身にも「予測される危険」について考えさせ，判断できる力を養っていきたいものである。

２）個々の必要に応じて技術面の指導をすること

　都市化され，物質的に豊かになった現代の子どもたちを取り巻く環境の変化の中で子どもたちの身体が「おかしい」と指摘されるようになって久しいが，よく言われることの一つに「身体がかたい」「ボール投げが下手」「立体視機能が低下してボールがとれない」ということがある。正木健雄によるとボール投げが下手というのは，腕を使う遊びが少なくなってきて肩から上の筋肉が極端に弱くなっているということであり，ボールがとれないというのは，両方の目でちゃんとものを見ていないために距離の見積もりができないということである[2]。保育者の方でも，サッカーや野球やドッジボールといったボール遊びの「ルール」や「友達関係」にばかり気を取られて個々の運動能力・技術に応じた一対一のかかわりを忘れないようにしたいものである。集団遊びやゲームは，ルールが飲み込めないうちや自分の技術に自信がもてないうちは誰だって面白くない。特に，友達からの一言に敏感になったり，人と自分を客観的に比較するようになってきたりする頃ならばなおさらである。そこで，保育者と個別にキャッチボールの練習をしたり，個人練習ができるような的や目印を作ったり，大きくて入れやすいゴールに取り替えたり，といった援助を保育の中で子どもに合わせて考えていく工夫が必要なのである。

３）必要な用具の準備の仕方，片付け方を知らせていくこと

　ボールそのものはもちろんのこと，ドッジボールのライン引きや野球のバット，サッカーやミニバスケットのゴールなどボール遊びのために必要な用具類の準備や片付けも忘れてはならない。倉庫にしまいこんであって自分たちで始められない状態になっていたり，逆に遊びっ放しに放置されたりしないよう留意しておきたい。保育者としても，植え込みの中にボールがないか，空気が抜けて弾まないボールがないかなど日常的な点検は忘れないようにしたい。

4. かけっこ

　「走る」ということは運動の基本的活動の一つであり，子どもたちは走ること
が大好きである。園生活にまだ慣れない頃には，何をして遊ぶということなく
テラスや廊下をバタバタと行ったり来たりしている子どもがいる。走ることを
楽しんでいるというよりも落ち着いて自分の身を置ける居場所を探しているの
であろう。少し慣れてくると今度は子ども同士がじゃれあうようにして興奮し
て走り回る姿が見られるようになる。音もうるさく落ち着かず，衝突の危険も
あるので保育者は一定の場所で活動させたくなるが，友達と一緒に動き回りた
い気持ちを思うと秩序ある遊びばかりが遊びではないことを思い出し，しばら
くの間は様子を見守っていきたいとも思うところである。
　しかし反対に，近年は室内でじっとしてものを相手に遊ぶことが好きな子ど
もも増えてきたようだ。家庭でも歩いて外に出ることが減り，ゲームやテレビ
で過ごすことが多くなっている生活が影響しているのであろう。遠足や園外保
育でも少し歩くとすぐに「疲れた」と口にする子どもが増えた。走ることの前
に「歩く」ということについても考えていく必要がありそうだ。

事例7－8　広いグラウンドで思い切り走る　3歳児7月

　夏休み前のある日，年長組が種まきをして世話をしてきたトマトときゅう
り，なすを見に行こうということで子どもたちと散歩に出かけた。畑は小学校
のグラウンドの向こう側にある。子どもたちは「並んで歩く」という経験もま
だ今日で数回目である。普段と違う園外の世界は魅力たっぷりで，グラウンド
の入り口からしばらく入ると早速，シュンが列から飛び出して行ってしまっ
た。つられてわぁーっと数人の子どもが走りだす。あわてて実習生が追いかけ
ようとしたため残っていた子どもも一斉に走り出した。ひとしきり広い場所で
走りまわったあと，保育者が「こーのゆーびとまれ！」と叫んでしゃがむと今
度は一気に担任めがけて突進して来た。半数以上が戻ってきたあたりで「ごろ
り～ん！」と寝転がると子どもたちもまねをして寝転ぶ。しばらく休憩してい
ると，レイコが「もっかい！もっかい！」と言って起き上がった。そこで今度

は，グラウンドの線をスタートラインにして実習生二人に両手を広げてゴール
役になってもらい「よーい，どん！」のかけっこを行った。最後に，畑への入
り口をゴールにして走る活動に区切りをつけた。

事例7－9　年長児に憧れて始まるリレー　4歳児10月

　運動会後，タクヤとショウが「リレーやる！」と保育者のところへ来た。かっ
こいい年長組への憧れの気持ちから例年見られる光景であった。「じゃあ，年
長さんに頼んでリレーのバトンを借りてこよう」と保育者も二人のやる気を後
押しする。スタートラインや走る距離を決め，ライン引きを出して準備してい
ると他の子どもたちも集まって来た。初めはチームに分かれることはせずとに
かく順番に走る。バトンを使うことはとても難しく，渡す側が投げてしまった
り，受け取る側が落としても拾わずに走り出したりしてしまう。中にはふざけ
てバトンを持ったままずっと遠くに走って行ってしまう子どもや折り返し地点
のコーナーポストの位置を動かしてしまう子どもが出てきた。タクヤとショウ
が怒って飛び出して行く。そこで保育者は2チームに分かれることを提案し
た。初めはチームの人数も合わせないエンドレスのリレーである。

（1）遊びの特質

　「走る」という行為そのものには道具がいらない。また，球技では経験による
技術の差が大きいが，走るということにはそれ程抵抗なく取り組める子どもが
多いだろう。事例7－8の3歳児たちは，ひたすら思い切り走ることを楽しん
でいる。幸い小学生が体育の授業をしていなかったため安全なグラウンドで
たっぷりと走り回ることができた。青空の下，風を切り，地面に転がり，友達
と身体ごとぶつかり，汗だくになって開放感一杯になっている。ものを媒介と
せずに身近に互いの息づかいを感じ，呼吸を合わせて一斉にスタートする。子
どもたちは皆笑顔である。少し経つと疲れてきて中には座り込んだり，ぐずっ
たりする子どもも出てくるが，こうして身体を動かすことを通じて互いの存在
を感じ取り，共通の感覚を実感し合う経験は心身の健康を考える上でとても大
切である。日頃は室内遊びの多い子どもにもぜひ誘いかけたい活動である。
　ルールのある集団遊びを楽しむ4歳児〜5歳児になると，園庭の端から端を

大きい組のまねをして（3歳児のリレー）

ただ走って往復するといった活動は見られなくなる。「走る」活動はかけっことして独立したかたちではなく，リレーやサッカーや高鬼などルールのある遊びの中で行われていく。年中組くらいであると，事例7－9にも見られるように，ルールが子どもたちの間に浸透して集団遊びが成立していく過程には時間がかかる。この事例の保育者のように援助すべきタイミングとその内容をしっかりと判断してかかわることが必要である。異なる年齢の子どもたちが混じっているときはより一層配慮が必要である。

（2）援助の要点
1）安全な空間を確保すること
　夢中で走ると子どもは視野が狭くなり回りが見えにくくなるので，衝突を避けるためには他の遊びと交差しない場所で行ったり，走る向きやゴールの目印を決めたりすることが挙げられる。また，走る距離を決めて行う場合には，思い切り走れるためにゴールの向こう側に走りぬけられるだけの距離的余裕が欲しい。そうでないと子どもたちはゴール手前で減速を強いられてしまう。
　もちろん，小さい年齢の子どもたちには保育者が一緒に走ったり，ゴールになったり，そばで応援したりしながら安全への注意を促す声をかけることも必要である。また，日常の園庭の環境整備をこまめに行い，尖った石ころや錆び

た釘などが落ちていないか点検しておくことも大切である。

2）靴のサイズが合っているかどうか留意すること

保育者として，日頃から把握しておきたいのは子どもたちの靴である。子どもの足の大きさはどんどん変わるので，靴が大きすぎたり，小さすぎたりしていないか，デザイン重視のため自分で履きにくくなっていないかをしっかりと確認しておく必要がある。サイズの合わない靴で遊んだり走ったりしていると足を痛めるし，変な転び方をしたりすれば危険でもあり，何より速く走りたくても走れない。そんなときには，園にある予備の靴を履かせたり，家庭に連絡して調節してもらったり，新しい靴に代えてもらったりする。最近は，子どもの土踏まずの形成が悪いということが問題になり裸足を奨励する園もあるが，身体づくりの基本として足の健康についてはぜひ注意しておきたい。

3）個々の子どもの走り方をよく見ること

走りに関しては，やはり個々の子どもの走り方をよく見ておくことが必要である。すぐ疲れてしまったり，よく転んだり，まっすぐ走れなかったりといった様子によって，例えば，自分の身体や姿勢に気付かせ手を大きく振ることや肩の力を抜くこと，足を強く蹴ることなど自然なかかわりの中で個別に指導することもよいだろう。場合によっては家庭生活の中での運動や食事，視力のことなど広範囲に考えることも必要となる。

5．室内での遊び

健康にかかわる遊びとして「室内での遊び」を考えてみる。一体，どんな遊びをさすのだろうか。それは，必ずしも室内での運動的な遊びをさすものではないだろう。ましてや，巧技台や跳び箱・マットなどを使って運動技術のみを指導することでも，させることでもない。なぜなら，「健康」とは，心と身体の両方が調和的に発達することをさしていう言葉だからである。『幼児期運動指針ガイドブック』[3]にも次のようにある。「心と体の発達を調和的に促すためには，特定の活動に偏ることなく，様々な遊びに親しみ，それらを楽しむこと

で体を十分に動かすことが大切です」。すなわち，個々の活動にどのような心もちで臨んでいるかが重要であり，戸外に出て身体を動かす遊びをさせていれば健康かというとそうとは限らないということである。また，室内で跳び箱やマットなどの運動遊具を使った活動をさせていれば健康かというとそれも違う。

つまり，「健康」とは単に「身体」を動かしてさえいればなれるものではなく，充実した「心」の状態と密接につながっているのである。そして，意欲や好奇心をもって楽しみながら十分に身体を動かして遊ぶことは，体力や運動能力の基礎を培うばかりでなく，食事や睡眠にも影響を及ぼし，ひいては性格特性へもかかわっていく。

> **事例7－10　描画活動をきっかけに心身が動き出す　4歳男児**
>
> 　4歳児・年中組の2学期途中で転入してきたタケルは誰が見ても印象的な格好をしていた。登園しても家から着てきたジャンパーを脱ごうとせず，ジャンパーの下に来ているトレーナーのフードをすっぽりと頭から被っていたからである。周りの子どもたちの様子をふらふらと距離をおいて眺めていて，保育者や周りの子どもたちがかかわりをもとうとすると，ブツブツ不満そうに呟きながら離れていってしまう。母親も保育者も困ったことは，タケルは園でどんなにトイレに行きたくなっても我慢してしまうことだった。どうしても我慢しきれなくてお漏らしをしてしまったときも頑(かたく)なに着替えることを拒み，保育者はいやがって暴れるタケルから叩かれ，髪を引っ張られながら着替えさせることもあった。
>
> 　保育者はタケルが自分から無理なくやってみたいと思える活動はないものかあれこれと考え様々なことを実践してみた。するとある日，タケルは保育室の一角に用意されていた絵の具に興味を示した。女児たちがコーナーを占めていたためタケルは自分からその中に入っていけない様子だったので，保育者はもう一つ別のテーブルを出して空いていることをタケルに伝えた。果たしてその日タケルは自分から筆を手に取り，何枚も何枚も絵を描いた。何か輪郭や形のある絵ではなくタケルの今の心の中を画面いっぱいに描きなぐったような激しい筆遣いと何色もが濃く重なった色合いであった。
>
> 　この日の描画がきっかけとなり，タケルは自分から園庭へ出て行くようになった。気が付くともうフードをすっぽりと被ってはいなかった。園でお弁当を食べることもトイレに行くことも今までより抵抗なく行うようになった。

（1）遊びの特質

　タケルの事例は，新しい環境で自分を出せないまま頑なに自分の世界を守ろうとがんばっていたタケルが描画活動を通じて自己を解放し，新たな環境で過ごす意欲を得たというものである。フードを被って遮断していた周りの世界に自分から近づいていこうとしている点は興味深い。関連して食事や排泄に対する強い身体的ガードが少しずつ解かれていったのも偶然ではないだろう。保育者は子どもに対して元気に活動することを求めて焦ってしまいがちであるが，タケルは新しい園でどうやって自分を出したらいいのかわからず自分でも混乱していたのかもしれない。フードを被ることによって，周りから身を隠すかのように自分の領域を守りながら周りの様子をうかがっていた時間もその混乱を乗り越えるためには意味のある時間だったといえるだろう。室内に限ったことではないかもしれないが，保育においてこのように人間にとって心と身体が密接にかかわり合っていることを痛感させられる場面は意外と多い。

（2）援助の要点

1）子どもが能動的にかかわりたくなるような環境を考えること

　実は，室内に限らずどんな遊びについてもいえることだが，子どもが心身を生き生きと動かすためには，周りの環境をどのように整えるかということが非常に重要である。室内の子どもたちの生活空間をどんなふうにデザインしていくかは，子どもたちと一緒に生活しながら考えていく。大型積木や巧技台の置き場所をどこにするか，幼児用机の並べ方をどうするか，保育室の出入り口の扉を何枚開けておくか，盛んになりつつある「お店屋さんごっこ」の場所は今のままでよいか，製作コーナーの設定はどうするか…など，考えることは無数に出てくる。昨日の続きから予想される活動にはどんな展開が考えられるか，それによって遊具や教材をどのようにどのくらい準備するか，といったことも保育者の重要な役割であり，心身の発達に深く影響を及ぼすのである。

2）家庭と協力して子どもの心身の状態を理解しようとすること

　保育者がどんなに一人でがんばっても子どもたちの心身の状態は把握しきれ

るものではない。事例7－10でもタケルの母親が焦らず保育者に協力してくれ，家に帰ると周りの子どもたちがどんなふうに過ごしていたか絵を描いて楽しそうに話してくれるということを教えてくれたことが，タケルのための環境を考える上でたいへん助けになっていた。逆に園での様子は母親を心配させすぎてはいけないということで配慮しながら伝えたということである。このような家庭との連携もまた，子どもたちが生き生きと生活するためには必要な援助だといえる。

6. 保育者の援助の一般的留意点

　これまで実践例とともにいくつかの遊びについて述べてきた。その際の留意点は相手の子どもやそのときの状況によって保育者が子どもたちと柔軟に応答し合うことによって考え，工夫されるべきものであろう。だが，共通に心しておきたい点もある。ここで改めて整理してみることにする。

① 　子どもが自分自身を十分に発揮し，生き生きと意欲的に生活できるようになるために「心の安定」を図る。

② 　個々の子どもや年齢によって異なる興味や，運動能力など身体諸機能の発達に応じて援助の仕方を考え，変える。

③ 　園内にある遊具や用具の用途・特色・使い方を十分把握しておく。実際に保育者自身が使い，試してみる。

④ 　園内の遊具や用具の配置などの物的・空間的環境について，園全体で協力して考え，またそれらの保全や点検については，ハザードマップ[4]を作成し，実践していく。

⑤ 　園内の生活空間における安全性や危険性について認識し，個々の場面で子どもとともに考えながら知らせ，けがの防止に努める。

⑥ 　身の回りの清潔（遊んだあとの手洗い・うがい・着替えなど），遊具・用具・教材・素材などの扱い方や片付けといった生活に必要な態度や習慣をその場その場で知らせていく。

⑦　家庭と連絡を取り合って遊びの内容についての理解を得るよう努力すると同時に，個々の子どもの心身の状態について把握するよう努める。

⑧　例えば，大雪のあとの園庭や梅雨の季節の生き物，栽培作物の収穫など，季節感や自然環境を大事にして保育にも積極的に取り入れる。

⑨　社会的な生活環境の変化から経験が不足し，戸外で思いきり身体を動かすことや，寒さ・暑さに抵抗を示す子どもたちも多いので，それらの活動の面白さや心地よさを無理のない形で知らせていくようにする。

⑩　保育者自身が特定の活動に偏ることなく心身を生き生きと活動させ生活する姿を子どもたちに見せること，子ども同士の社会で伝承される機会がなくなってきた遊びを積極的に取り入れることを心がける。

　以上のような点に留意し，保育者は，子ども一人ひとりが遊びを通して調和のとれた心身の発達の基礎を培っていけるよう援助していきたいものである。

■引 用 文 献
1 ）文部科学省：幼稚園教育要領，フレーベル館，p.5，2017
2 ）正木健雄：おかしいぞ子どものからだ（子育てと健康シリーズ），大月書店，1995
3 ）文部科学省：幼児期運動指針ガイドブック，サンライフ企画，p.32，2013
4 ）杉原隆・河邉貴子：幼児期における運動発達と運動遊びの指導，ミネルヴァ書房，p.103，2014

■参 考 文 献
中村和彦：子どものからだが危ない！－今日からできるからだづくり，日本標準，2004
ちいさいなかま編集部編：なにしてあそぶ？　保育園で人気のおにごっこいろいろ，草土文化，1997
羽崎泰男：鬼ごっこ　楽しくあそんで体力づくり，日本小児医事出版社，2002

第8章
基本的生活習慣の指導・援助

1. 子どもにとっての生活習慣

（1）基本的生活習慣とは

「生活習慣」と聞いて，一般的にはどのようなことを想像するであろうか。「基本的な生活習慣」とは，「基本的で，すでに習慣化している方法や態度」[1]のことで，食事，睡眠，排泄，衣服の着脱や身の回りの清潔などに関することが挙げられる。また，生活環境を整えたり，あいさつをしたりすることも基本的な生活習慣であろう。その内容としては，「健康や安全に直接的にかかわる方法もあれば，生活の便利さにつながる方法，あるいは生活の中で周囲に不快感を与えることのないようなマナー，態度といったことが含まれている」[2]。

（2）子どもにとっての生活習慣とは

子どもは，自分で健康や安全を確保したり，守ったりすることが難しい。養育者の援助や保護が必要になってくるし，大人に依存しなくてはならないこともある。しかし，子どもも少しずつ生活習慣を獲得することで，自立へ向かっていくことができるだろう。

では，子どもにとっての生活習慣とは何であろうか。ここで，ようやくおむつがとれ，トイレで排泄できるようになった子の気持ちを想像してみよう。

今までは，毎日の排泄をおむつに頼っているために，必ず大人の手を借りなければならなかった。すぐに取り替えてもらえないときの不快感。自分で始末

できないもどかしさ。トイレットトレーニングでの数々の失敗…。苦い経験を乗り越え，晴れてトイレでできるようになったときは，さぞうれしく心地よいことであろう。「ひとりでできた」と実感したとき，「ちょっと大人になった」ことを誇らしく思うに違いない。

「できる」ということは，なんと素晴らしいことか。できるようになったうれしさは，有能感と自信を与えてくれる。実際おむつがとれると，あの赤ちゃんらしい（おむつで）大きなお尻回りがすっきりとして，歩き方も変わり，急に幼児に近づいたように見えるものである。技術を獲得することは，生活の幅を広げ，新たな社会へ一歩踏み出す勇気をもたらすだろう。

しかし，ここで忘れてはならないことがある。これらの有能感や自信，勇気は，「できなかった」ときの悲しさや恥ずかしさ，トイレットトレーニングでの努力の過程があってこそ生まれたものであるということだ。「あんなこともこんなことも，できる」という思いの裏には，できるまでの"プロセス"がある。できるという結果にこだわると，そこでの子どもの学びを見落としてしまう。ここでの葛藤のプロセスこそ，子どもにとっての生活習慣の中で最も大切なのではないだろうか。

届くかも…

2. 基本的生活習慣を身に付ける意義

（1）技術を習得して，自ら欲求を満たす

生まれて間もない赤ちゃんにとって，私たちが考えるような生活習慣は存在しない。"朝起きて，顔を洗い，服を着替え，家族に「おはよう」とあいさつをして朝ご飯を食べる"そんな赤ちゃんがいたらびっくりするだろう。しかし，

それは赤ちゃんが技術的にまだそのようなことができないから驚くのである。もしそのような技術が実際赤ちゃんにあるとするなら，しっかりと基本的な生活習慣を身に付けて実行する赤ちゃんに対して，私たちは驚きもせず，「世話をしなくて，楽だ」などと歓迎するのかもしれない。

　上記のように，「技術が早く備わり，自立してくれること」が，大人にとって，子どもに基本的生活習慣を身に付けさせる意義の一つと考えられる。

　では，子どもにとってはどうだろう。例えば，まだ箸がうまく使えず，なんでもスプーンやフォークで食べている子どもを想像してみよう。家族との食卓で，みんなは上手に箸を使ってプチトマトをつまみ，おいしそうに食べているとする。自分もスプーンを使って食べようとするのだが，うまくトマトがのらない。それでも今度はフォークで刺してみようとするが，ツルツル滑ってトマトに刺さらず，食べたいのに食べられない。たまらず手でトマトをつかんだ瞬間，母親が「あらあら，おててはだめよ」などと叱責する。

　こんなとき，子どもはきっと「自分も，箸が使えたらなぁ」と思うに違いない。技術を習得することで，自らの欲求を満たすことができるのだ。

（2）主体的な生活

1）意　欲

　欲求を満たすことができた子どもは，さらに次の欲求を満たそうと考える（図8-1）。トマトが持てるようになったら，次は豆腐を。箸を完璧に使いこなせたら，次はナイフとフォークを。そしていつの日か包丁を手にし，自らの食事を作ることになるだろう。将来の「生活する力」のためには，「できるようになりたい」と思う気持ちをもつことが必要なことがわかる。この"意欲"こそ，子どもの主体的な生活を支えている原動力である。

　このように基本的生活習慣の獲得は，自立や社会化のプロセスであるが，そのプロセスにおいて子どもは，できるだけ主体的に取り組むことができるように配慮されなければならない。

　誰かに，一方的に世話をしてもらう。これでは，主体的とはいえない。「『で

きる』という結果よりも葛藤のプロセスの方が，子どもにとっての生活習慣の中では大切なのだ」ということは先に述べた (p.120)。大人の側が自分たちに都合のよいように生活習慣を教え込んでしまうと，子どもはその意義もわからないままやらされているだけになってしまうだろう。できたという結果だけである。だからこそ，子どもには「自分でやる」という意欲をもってもらいたい。

2) 自　　信

では，意欲を支えているものは何だろうか (図8-1)。技術をもたない頃は，「できるようになりたい」という気持ちが主体的活動を支えている。しかし，技術を獲得することを何回か経験するうちに，これまでの試行錯誤においての失敗や葛藤体験が不安な気持ちを引き出してしまい，新たな意欲は生まれない。意欲とは大きな自信から引き出されるはず。そこで，まずは基本的生活習慣の獲得が重要になってくる。技術が獲得されていなければ，他の活動を思い切ってやろうとする自信がもてないだろう。「(獲得のプロセスでの) 失敗や葛藤を乗り越えた」，「できるようになった」という気持ちが大きな自信につながる。"「やったぞ」という満足感" や "「できることがある」という有能感" が，自ら「新しいことに挑戦しよう」という意欲を生み出すことになるだろう。

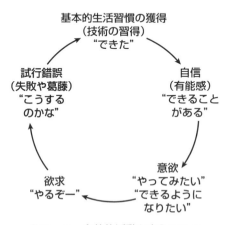

図8-1　主体的活動を支えるもの

自分で食べたよ

3. 基本的生活習慣の内容

(1) 食　　事

1) 食事の発達について

　食事は，生命の維持と健康な発育のために不可欠な栄養を摂取することである。乳幼児の栄養は，摂取量，内容，形態，摂取方法などが，社会的・文化的な影響を受けながら，やがて自立した食事へと発展していく過程をたどる。そこでは，それぞれの社会や家庭（文化）によって考え方の違いも多く見られ，実状は様々な方法でなされている。よって食事の習慣には，個人差のあることがわかるだろう。一般的に食事の自立は，4歳の頃からといわれている（表8－1）。しかし，時間帯や回数，量や種類などは，一人ひとりの子どもをよく見て，その子の生活リズムに合わせていく必要がある。保育所保育指針にも示されているように，様々な食品や調理形態に慣れ，ゆったりとした雰囲気の中で食事を楽しむことが大切である。

表8－1　食事の自立

年齢	食　　　事
歳：月	
1：0	指でつまんで食べることができる
1：6	スプーンの使用，茶わんをもって飲む
2：6	スプーンと茶わんを両手に使う
3：0	食事の挨拶，はしの使用，だいたいこぼさぬ
3：6	完全に自立
4：0	遊び食べがなくなる　食卓の支度を手伝う
4：6	一時，好ききらいがめだつ
5：0	はしの持ち方がじょうずになる
6：0	好ききらいがはっきりしてくる

（浅野辰三：幼児の健康体育，逍遙書院，1977）

はい，あーん

2）コミュニケーションの場

　また，食事は，共に食卓を囲む人々とのコミュニケーションの場でもある。一人で食べるのではなく，みんなで食卓を囲んだときの楽しい雰囲気は，食欲も増大させる。また食事場面では，兄や姉（年上の子）が，弟や妹（年下の子）にお世話する姿もよく見られる。そんな温かなやりとりの中では，相手を信頼する力が育つ。信頼する心は，おなかがいっぱいな，生理的に満たされた心地よいときに，十分感じ育てていきたい力である。

3）腕や手の発達によって食事が可能になる

　基本的生活習慣は，身体諸機能の発達に伴ってはじめて可能になる。食事においても，細かい手や腕の動きが必要となる。腕や手の発達は，握ったり，放したりする段階から，小さなものを拾うようになったりと，粗大運動から微細運動へと移行することがわかる（表8－2）。発達にも個人差があるので，子どもの発達段階をよく理解して進めていく必要があるだろう。

（2）睡　　　眠

　生まれて間もない新生児は，空腹になると目が覚めて泣き，乳を飲ませてもらうとまた眠るといった短い眠りと覚醒を繰り返している。生後2か月頃から睡眠のリズムは変化し，昼間は起きて夜に眠る傾向になってくる。4か月頃になると，夜の眠りは昼の眠りの影響を受けなくなり，安定した睡眠リズムが完成する。しかし，この睡眠リズムは生活の影響を受けるので，昼と夜の区別がある規則正しい生活を心がけたい。

　睡眠には，レム（REM）睡眠とノンレム（non-REM）睡眠がある。レム睡眠とは，身体や眼球の動きが認められる，いわゆる浅い睡眠のことで，このときに夢を見るといわれている。このレム睡眠の時間は，中枢神経の成熟に伴い年齢とともに減少していく。全体の睡眠時間もまた年齢とともに減っていく（表8－3，図8－2）。4歳頃から，睡眠のリズムは大人に近づいていき，昼寝も1回になる。4歳で昼寝をする子どもは全体の半数くらいといわれているが，実際は，生活リズムの乱れから昼寝をしない子どもが増えてきている。保

3. 基本的生活習慣の内容

表8-2 手腕の運動の発達

年齢 歳：月	手腕運動
0：1	手に触れた物を握る
0：2	顔に触れた物をとろうとして手を動かす
0：3	おもちゃを少しの間握っている
0：4	ガラガラを握る，そばにある玩具に手を伸ばす
0：5	そばにある玩具に手を伸ばしてつかむ，玩具をさし出すとつかむ
0：6	ガラガラを一方の手から他方の手に持ちかえる
0：7	両手に持っている物を打ち合わす
0：8	落ちている小さな物を拾う
0：9	引き出しをあける
0：10	ドアをあける
0：11	箱・ビンのふたをあけたりしめたりする
1：0	なぐり書きをする
1：3	障子やふすまを一人であけしめできる
1：6	積み木を二つ三つ重ねる
1：9	玩具の電話のダイヤルを回す
2：0	積み木を横に二つ三つ並べる
2：6	ハサミを使って紙を切る
3：0	積み木でトンネルまたは門を作る，クレヨン・鉛筆で円をかく，積み木を高く積む
3：6	絵をかいて色をぬる
4：0	ボタンを一人ではめる
4：6	ハサミを使って簡単な物を作る
5：0	四角形の模写ができる
6：0	菱形の模写ができる

(津守真ほか：乳幼児精神発達診断法，大日本図書，1975)

ツリーを飾る（2歳11か月児）

育所等での午睡の時間は一斉に行われることが多いため，指導には配慮が必要であろう。ただし，睡眠は，成長や発達，休息といった意味で大切な時間でもある。子どもが昼寝しない理由を見極めて，必要な子どもには安心して眠れる環境を整えるべきであろう。

表8−3　年齢別の睡眠時間

年齢	新生児	0〜1か月	1〜6か月	7〜12か月	1〜2年	3〜5年	6〜13年	成人
時間	22	20〜22	18〜20	14〜16	13〜14	12〜13	9〜11	7〜8

（松尾宣武ほか編：新体系看護学第28巻小児看護①小児看護概論・小児保健，メヂカルフレンド社，2003）

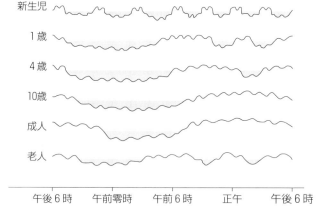

乳幼児期の「多相性睡眠型」が，成長に伴い昼夜1回の「単相性睡眠型」に移行するが，老人になるとふたたび多相性睡眠型にと退行することを示す。

図8−2　ヒトの睡眠リズムと年齢の関係

（大熊輝雄：睡眠の臨床，p.12，医学書院，1981による）

（3）排　　泄

1）トイレで排泄するためには

1歳を過ぎた頃から排便を知らせるようになり，2歳前後で昼のおむつが不要になってくるといわれている。しかし，排泄の自立はいきなりトイレでできるようになるのではなく，おまるに慣れたり，パンツをはいてみたりと段階的

である。自分の意志でトイレに行き，紙を使用して一人で大小便をするといった自立は，4歳後半になると考えられている。ただし排泄は，生理機能の個人差や情緒的な面，環境の違いなどによっても影響が出やすい。

　排泄習慣のトレーニングの目的は，おむつを早くはずすためではなく，子どもが「おしっこをしたい」ということを感じ取り，自分でトイレに行って済ませるためである。したがって，尿意を感じることがなかったり，トイレに行く必要感が子どもになかったりするうちにトイレットトレーニングを始めても意味がなく，効果も上がらないであろう。排泄習慣は，時期がきたら急にできるようになるものではなく，新生児期からの適切なおむつ交換による心地よい体験に始まっている。

　また，排尿行動の自立条件には，①膀胱に尿を貯められる（排尿の間隔が2〜3時間おきになったかどうか），②歩行ができる，③"おしっこ"を理解する（言葉が話せなくても，おしっこという言葉が理解できる），といった三つが考えられる。最低でもこの条件を満たしていないと，トイレに誘ってもうまくいかないだろう。無理に誘わず，その子にとっての最適な時期を見極めたい。自分でしてみようとする気持ちを育てることが大切である。

2）紙おむつの弊害

　近年，おむつのはずれる時期が遅れている子が目立つ。これには，様々な要因が考えられるが，その一つとして，紙おむつの弊害が挙げられる。紙おむつは布おむつよりも吸水性や通気性に優れているため，赤ちゃんの不快感が少ない。新生児期から，この不快感に対して鈍感に過ごしてくれば，おむつを交換したときの爽快感も半減するだろう。気持ち悪くなければ，おむつをしていても不都合がないため，いつまでもおむつをしているのではないだろうか。また，紙おむつは交換回数が少なくて済むので，コミュニケーション頻度もその分下がるのではないか。

　しかし女性の社会進出などにより，時間の節約のために紙おむつがたいへん重宝され，主流になってきている現状をふまえる必要がある。紙おむつを軽視するのではなく，上手に使う方法が求められている。例えば，おむつ交換中は

「あー，気持ち悪かったね」と不快感を強調し，交換し終わった際には「すっきりしたね」と爽快感をアピールするのはどうだろうか。おむつ交換は，安心感や信頼感を与える大切なときである。布おむつと同じくらいの頻度でコミュニケーションをとることも大切であろう。

3）退行現象

いったん一人でトイレに行くようになったかに見えた排泄行動が元に戻ることがある。いわゆる，赤ちゃんがえりというものだ。弟妹が生まれるなど環境が変化したときによく見られるこの退行現象は，精神的に不安定なときに現われる。甘えも強くなり，「なんとかしなければ」とトイレットトレーニングを進めがちだが，まずは情緒の安定を図ることが大切だろう。

（4）着 脱 衣

1）衣服の着脱の発達について

衣服の着脱においては，姿勢の保持や食事と同様に手先の器用さが重要になってくる（表8−2参照）。「ボタンを一人ではめる」などは，手先の動きの発達が大きく関係するだろう。衣服の習慣は，2歳頃脱ごうとするところから始まり，靴をはくことや帽子をかぶることなどが可能となってくる。4歳頃には，前留具による基本的な衣服の着脱が可能になる（表8−4）。

2）子どもにとっての難しさに配慮する

2歳半〜3歳頃には，左右を間違えることはあっても，自分で靴がはけるようになる。このとき保育者は，気になって左右の間違いをすぐに直させることが多い。しかし，子どもにとって左右の間違いは，大人ほど不快感がないようである。また，「靴をはく」という行為は，子どもにとってはとても難しい作業に違いない。

上着やズボンも同様に，裏返しや前後ろ反対に着ている子を見かけることがある。しかし，そのことをすぐに指摘して正すのではなく，「じぶんでできた」という行為を認めることが大切であろう。

3. 基本的生活習慣の内容　　*129*

表8－4　着衣の自立

習慣 調査者 年齢	着　衣　の　習　慣		
	山下（1936）	西本（1963）	谷田貝ら（1974）
2：0	・ひとりで脱ごうとする	・ひとりで脱ごうとする ・くつをはく	・ひとりで脱ごうとする
2：6		・ひとりで着ようとする	・ひとりで着ようとする ・くつをはく
3：0	・くつをはく	・帽子をかぶる	・帽子をかぶる ・パンツをはく
3：6	・ひとりで着ようとする	・パンツをはく ・くつ下をはく	
4：0	・帽子をかぶる ・前のボタンをかける ・パンツをはく	・前のボタンをかける ・ひとりで脱ぐ ・両袖をとおす	・くつ下をはく ・前のボタンをかける ・ひとりで脱ぐ
4：6	・両袖をとおす ・くつ下をはく	・ひとりで着る	・ひとりで着る
5：0	・ひもを堅結びする ・ひとりで脱ぐ	・タイツをはく	
5：6		・ひもを堅結びする	
6：0	・ひとりで着る		
6：6			・ひもを堅結びする

（西頭三雄児編：健康，福村出版，1980）

3）気持ちよさを感じさせる

　暑くても服を脱がず，汗びっしょりになっている子がいる。衣服の着脱が可能になったら，衣服での体温調節ができるように指導していきたい。また，ズボンからシャツ出ている，靴下が下がっている，衿が丸まっているといった乱れに子どもが自分で気付き，正せるように配慮していく必要があるだろう。「きちんとしていたら気持ちよい」という感覚を身に付けさせたいものである。

（5）衛　　生

　清潔の習慣は，衛生の感覚を感じないと必要感をもたなかったり，技術的に難しかったりするため，他の基本的生活習慣よりは少し遅れる。4歳頃から徐々に「口をすすぐ」「歯を磨く」「うがいをする」「顔を洗う」などの行動が一人でできるようになるといわれている。鼻をかんだり，髪をとかしたりできるのは，5歳前後である。しかし，顔や手に水をつけておしまいだったり，口に水を含んだだけで出すうがいだったりと，いい加減なことも多いものである。きれいにする心地よさや必要性を，その子の理解度に応じ工夫して伝えながら，ときには手伝って，少しずつ子どもが一人でできるように援助していくべきだろう。

（6）生活環境を整えること

1）身の回りの始末・整理整頓

　身の回りの始末や整理整頓，片付けも，清潔と同様で必要感を感じないとなかなか身に付かないものである。身の回りの始末や整理整頓をしない子を見かけるとつい「"できる"のになぜしないのか」と考えがちだが，よく観察すると，方法がわからなかったり，技術的にまだ不可能だったりして，実は「"できない"からしない」子どもも多い。特に片付ける場所や方法は，わかっているようでも，実際にははっきりとわかっていないことがある。どこまで身に付いているかを確認し，その子に合った方法を探っていきたい。

2）基本的生活習慣のための保育環境

a）子どもの理解を手助けする

　基本的生活習慣には，順序や方法といった「手順」がわからないとうまくいかないことが多い。大人には簡単なことでも，子どもにとってはどうなのかを考えて，子どもにも理解しやすい環境を用意する必要がある。その場合，子どもの理解度や興味の方向性，時期などに配慮していきたい。

　図8−3は，スモックをハンガーにかける手順を絵でわかりやすく示している（小杉東部保育所提供）。特別支援学校で使われている「支援ツール」にヒント

3. 基本的生活習慣の内容　　131

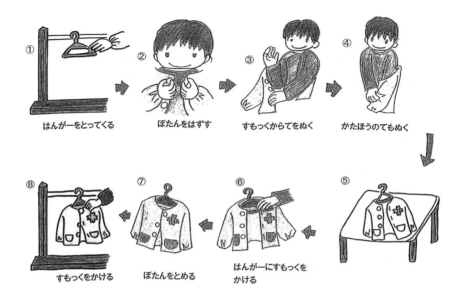

図8-3　スモックかけ手順表

を得て，保育者が作りその場に貼ったところ，今までうまくできなかった子どもができるようになり，できていた子も見ながら確認できるので自信をもって楽しくスモックかけを行うようになったそうだ。ただし，ここで気を付けたいのは，何に対しても，誰にでもこのような手順表が必要なのかという点である。誰もがわかりきっていることに対してまでも手順表を用意して，園の中を表だらけにしてしまい，もう完璧にできるようになっているのに，いつまでも手順表がないと不安になる子が出てくるようになるのはどうだろうか。目指しているのは，手順表に頼りすぎず，見なくても自分でできるようになることである。本来，目指している可能性を忘れてはならないだろう。

b）使いやすさを考える

　机や椅子，洗面台や棚の大きさ，高さなどは，どうだろうか。トイレットペーパー，蛇口，石鹸，スリッパなどは，子どもに適しているものが使われているだろうか。既製のものは，安全面や衛生面に優れていて子どもの発達もよ

く考えられているため，うっかりそのまま使っていることが多い。しかし，大勢の子どもが暮らしている保育所や幼稚園等では，よく見ると全員に合っているとは言い難いものもあることに気付くだろう。

また，朝や帰りの支度や片付けを行うときなどの「子どもの動線」についても見直したい。朝や帰りの支度に必要なものがバラバラに置かれていたり，手を拭くタオル掛けが水道から少し遠かったり，遊具の置き場所と遊び場所が離れすぎたりしていないだろうか。子どもの動線を考えると，物の配置，子どもたちの集まりや遊ぶ場所に配慮が必要なことがわかるだろう。

4. 基本的生活習慣の指導・援助のあり方

（1）基本的生活習慣を再考する

1）基本的生活習慣について見直す

a）"今"の視点で基本的生活習慣を捉える

　一般的に基本的生活習慣とは，食事，睡眠，排泄，衣服の着脱や身の回りの清潔などに関することが挙げられるが，それらには技術だけではなく付随してくるものがたくさんあるはずである。"生きるための力"と考えれば，「それは，今，その子に本当に必要な力なのか」といった"今"の視点で基本的生活習慣を捉える必要があることに気付くだろう。保育の中では，何の疑問ももたず，「きまりだから」とか「当然すべきだから」と行っていることが案外多い。保育をスムーズに流していくための生活習慣は，いうまでもなく大人にとって必要なものである。「子どもが主体的に活動するための生活習慣とは何か」を今一度考えて保育に臨みたい。

b）「習慣化」と「必要性」

　基本的生活習慣は，必要性を理解させることが難しいので"習慣"として技術を徹底的に教え込むべきだという考え方がある。子どもの主体性は必ずしもいらないというのだ。では習慣化すれば，ずっと続くものなのだろうか。

4. 基本的生活習慣の指導・援助のあり方　133

> **事例8−1　「うがい，手洗いするよー！」**
>
> 　3歳児クラス。冬の風邪が流行る頃のために，春からコツコツとうがい・手洗いを習慣づけてきた保育者。とにかく風邪をひかないためには，うがい・手洗いが大事であることを4，5月は徹底的に伝えてきた。細かな作業や順番も絵で説明しながら，手順をもらさず行えるようにし，6月にはほとんどの子が一人で自発的にうがい・手洗いをするようになった。
>
> 　しかし，肝心の冬を迎える秋頃になると…。水が冷たくなったせいか，手洗いは水をつけただけ，うがいも少量の水を口に含ませただけといい加減になってしまう。

　事例8−1では，なぜうがい・手洗いが大切かという理由を子どもたちは十分理解していたと思われるが，多少さぼっても実際には風邪をひかず困らなかった。また，いい加減にすることも子どもにとっては「した」ことに変わりないのだろう。生活習慣に対する必要感や意欲を子どもにもたせるためには，ただ理由を示すだけでは難しいことがわかる。必要感や意欲を伴った生活習慣の「習慣化」には，何が大切なのだろうか。考えていきたい。

c）自分の価値観を問い直す

　生活習慣に対して大人は「できる」「できない」という評価に陥りやすい。それは，保育者も保護者も「みんなから遅れないように」という焦燥感を抱えているからではないだろうか。「みんなと同じスタートラインに立たせたい」「うちの子は小さいから，せめて身の回りのことはみんなと同じようにできないと…」といった他人との比較で子どもを見てはいないだろうか。一人ひとりの育ちを大切に見ていこうという基本的な考えは，どこへいってしまったのだろう。

　子どもと接するときには，自分自身の価値観についても問い直していくべきではないだろうか。

2）「食」を見直す

a）食は生活そのもの

　図8−4は，『うんこ日記』という絵本[3]に出てくる，「しょうへいくんのうんこの絵」である。この絵本は，作者の村中李衣が，ある男の子に1枚の絵を

図 8 − 4 『うんこ日記』

もらったことからできた絵本である。これは単なるうんこの観察日記ではなく、「父さんのいない一週間、母さんと二人でちゃーんと過ごしていたんだよ」と伝えたいしょうへいくんの父親へのラブレターなのだろう。

「1 だんめは、とうさんの出かけた月曜日の夜のおみそしる。わかめだらけのおみそしる。わかめはぼくが、切ったのさ」

「2 だんめは、とうさんのいない火曜日の夜のほうれん草のごまあえ。赤いくきのところも食べたんだ」

父親がいない間も、母と一緒になんとステキな夕食の時間を過ごしていることだろうか。きちんと生活しているかどうかは、「食」を見ればわかるのかもしれない。「食」は、生活そのものなのだ。

b）生きる力や方法を学ぶ

人間が口にしている「食物」の多くは、もともと生命をもったものであったはず。このように人間は、"他の生命"を自分の体に取り込んで、生命を維持

していることになる。自然を取り込んで生きているのだ。食は，生命と直接かかわっている。

人間の食には，耕す，育てる，収穫する（捕る・獲る），作る…といった生活の様々なことが関連している。そこでは，生きるための力が育まれる。

昨今，食の安全や栄養などを学ぶ従来の「食育」（「第9章4. 食育と健康」参照）に加え，農作物の栽培や収穫など農業体験を通して，食と農を学ぶ「食農教育」といった取り組みも，保育所・幼稚園等をはじめ，小学校や中学校でも多く実践されるようになってきた。人生の土台となる乳幼児期にどんな原体験を味わうことがよいのだろうか。食べ物，自然，食といったことについて，もう一度じっくり考えていく必要があるだろう。

（2）「やっている」から「やりたがるようにする（意欲）」へ

基本的生活習慣においては，できているかできていないかで判断することが多い。そのため，「やっている」子どもの姿を「したいから行っている」と間違って判断してしまうことがある。

「子どもが自ら主体的に活動する」ように援助するのは保育の基本であるが，基本的生活習慣においてもそうあるべきだろう。自らやろうとする子どもの心を支えているのは，周りのその子を認める言葉や態度によるところが大きい。「やっている」子どもの姿を当たり前と見過ごすのではなく，その行為に対する適切な言葉がけも大切ではないだろうか。

（3）その子のペースを見極める

基本的な生活習慣の獲得には，運動・知能などの発達が関与しているが，その個人差は大きい。また，人間関係・言葉の発達・環境によっても変わってくるのだが，その点も様々である。一人ひとりのペースをしっかり見極めて援助すべきだろう。

136 第8章 基本的生活習慣の指導・援助

（4）総合的に子どもをみる

> **事例8－2　遊べないトモミ**
>
> 　トモミ（5歳）は幼稚園2年保育の年中組で4月に入園したばかり。4月生まれで体も声も大きく，明るい性格である。他の新入園児と比べると大人びていたため，保育者たちは期待こそするが心配はあまりしていなかった。
>
> 　しかし，6月になってもトモミは好きな遊びが見つからず，園庭をウロウロするばかりで，生き生きと遊ぶ姿は7月になっても見られない。
>
> 　心配になった保育者たちは，しっかりしているトモミがなぜ遊べないかについて話し合った。「家ではパソコンで遊ぶことが多いと聞いているトモミにとっては，園に気に入りそうな遊びがないのではないか」「大人びているため，遊び友達とイメージが合わないのではないか」「そもそもどんな遊びが好きなのだろう」保育者たちは，遊びの面から様々な理由を考え出してうまくいくように援助してみるが，トモミはいっこうに遊べないまま，夏休みを迎えることとなった。
>
> 　夏休みが明け，久しぶりにトモミが園にやってきた9月1日。保育者たちは，心配でトモミの様子を見ていたが…。今までよりも早く園にやってきたトモミは朝の支度をサッと済ませ，近所のミサキと楽しそうに園庭に飛び出していった。そして，その日はミサキと片付けの時間までたっぷりお料理屋さんごっこを楽しむことができた。

　なぜ，トモミは急に遊び始めたのだろう。保育者たちは，「夏休みにミサキとよく遊んだからではないか」「しばらく，時間があいたのがよかったのではないか」など，いろいろ考えていたのだが，トモミの一言で自分たちの考えが偏っていたことに気付くことになった。2日目の朝，トモミは担任に「私，朝のお支度遅かったでしょう？　夏休みの間，特訓したんだよー！」と嬉しそうに報告したのだ。大人びているからこそ，朝の支度が苦手なことを保育者に言えずにいたのだろう。

　トモミは，園に入るまで家庭で大切に育てられたため，情緒的にはとても安定していたが，基本的な生活習慣は自分でしたことがなかったらしい。園では苦手な朝の支度を一人でがんばっていたのだ。しかも，みんなより少し遅く園に到着していた。技術的には問題なく時間をかければできるため，保育者はト

モミの朝の支度を「ちょっと慎重」程度にしか気にしていなかった。トモミは，みんなより出遅れて遊びに入ることになるため，入れそうな遊びが見つからなかったり，うまく遊び込めなかったりしていたのだろう。

　事例8-2は，一見遊べない子どもの姿である。しかし，「遊べない」姿だけを焦点化すると，見落としてしまうことがある。朝の支度などの生活習慣は，時間がかかっても一人でさせてみようという考え方はわかるが，時間的な配慮を忘れると，他の行動に支障が出てしまうこともある。子どもを総合的にみるということの難しさを示しているだろう。

(5) 家庭との連携

　基本的生活習慣は，いうまでもなく家庭における比重も大きい。しかし，子どもは保育所や幼稚園等，その時間だけを分断されて生きているわけではない。子どもの24時間を考えて，家庭での生活状況をできるだけ把握し，子どもと接していきたい。家庭との連携を密にし，情報共有していくことが重要である。

　「よその子に遅れをとってはならない」と考えがちな保護者にとって，基本的生活習慣に対する不安は特に大きい。その際，保護者の育児不安を軽減させる役割も保育者には重要になってくるだろう。

(6) 笑いとユーモア感覚

　基本的生活習慣を身に付けるには，保育者や友達，家族が手本になることが多い。ただし，「こうやって，こうやって…」と手順を示すだけでは，「やってみたい」という意欲は生まれにくい。そこには，憧れや楽しそうな雰囲気が必要となってくる。「やってみよう」と思ったとき，子どもはまねをするのではないだろうか。

まねをする　もしもし〜♪

佐伯は,「笑わないということは,一種の身構えであり,自己防衛であり,参加への拒否」であると述べている[4]。お互いに笑いのないところでは,単に技術の伝達にすぎず,子どもの真の参加はないのかもしれない。

また,「笑うということは,ゆるすということ」である[5]。至らない,ドジである,ものわかりが遅い,だめなところがある…そんな自分を許し,自分が人間であることを許す。「自分をゆるしているとき,人は自然に他人もゆるせるようになっている。(中略)ああ,人間てやっぱりアホや」[6]。基本的生活習慣の援助において,笑いを含めたユーモア感覚が求められている。

5.具体例における保育者の配慮

（1）からだが発するSOS

> **事例8－3　どれだけ眠っているんだろう？**
> シオリ（4歳）は,よく食べ,よく笑うクラスの人気者である。ただし,他の子と比べると午睡時間が長い。年中組は保護者からの要望や,生活リズムの違いから午睡が必要である子どもに対してのみ "ちょっとお休みタイム" をとっている。シオリは,他の子がすっかり寝てしまった13時半頃から16時頃までいつも寝ていて,おやつも食べずに帰ることが多い。

シオリは,年長組になるとぱったり午睡しなくなった。保育者は,はじめ「もう年長だから…」と恥ずかしくなったのではないかと考えていた。しかし,ある日シオリが,「ねえ,先生。年長さんになったからサトシくん一人で大丈夫だよね」と聞いてきたときに,保育者はシオリが疲れていたことに気付いた。保育者は,シオリのお世話好きなところを伸ばそうと,年中組の間ずっと「サトシくんをよろしくね」とお世話をお願いしていたのだ。喜んでお世話してくれていると思い込んでいたが,精神的な疲れはからだに表れていた。長すぎる午睡は,シオリにとっては必要な休息の時間だったのだ。

生活リズムの乱れには,生活習慣という側面だけでなく様々な要因がからんでいる。その点に配慮し,原因を早く探り出して対応していきたい。

5. 具体例における保育者の配慮　　*139*

（2）雰囲気づくり

> **事例8－4　もう食べられないよ…**
> 　マサキ（5歳）は食が細く，食べるのも遅い。母は，そんなマサキを心配して，「もう年長組だし，友達と一緒なら楽しく食べてくれるかもしれない」と，張り切ってたっぷりのお弁当を持たせている。保育者は，「残してもいいよ」と声はかけているのだが，マサキはみんなが食べ終わって外に遊びに行ってしまった後も，ずっと一人で泣きながら食べている。

　楽しい楽しいお弁当の時間。しかし，マサキにとっては，恐怖の時間である。弁当の時間が近づいてくると，いつも気持ちが悪くなってしまうという。なんとか母の期待に応えたいと懸命に食べているのだが，そう思えば思うほどどんどん食が細くなっていってしまう。

　食べられない原因は，食の細さはもちろんだが，保護者との関係，その日の遊びの中でのトラブルや友達関係など，様々なことが考えられる。食事の時間は本来，楽しい時間のはずである。量や好き嫌い，残す不安などを配慮する必要があるだろう。マサキに関しては，母親にお弁当を食べられるような量に減らしてもらったり，食事本来の楽しさが感じられるような雰囲気づくりを心がけたりすることで改善されていくと思われる。

> **事例8－5　歌に合わせて**
> 　♪　手のひら，手の甲，指の間〜，爪，爪，キュッキュッ，手首ぐるぅ〜
> いつものように保育者が歌いながら手を洗っていると，いつの間にか子どもたちが側にきて，一緒に大合唱。楽しそうに手洗いを始めた。

　子どもたちは，歌などリズミカルなことが大好きである。ただし，何でもかんでも歌にすればよいというわけではなく，事例8－5の場合は，保育者の心からの楽しさが子どもたちに伝わったのだと思われる。楽しそうな温かな雰囲気は，子どもたちの心を安定させるのだろう。

（3）必要感を育てる

事例8-6 「あっ」

　モモカ（3歳）は，面倒くさがりで，自分のやりたいこと以外はやろうとしない傾向がある。みんなが手を洗っているときも，「洗わないの？」とたずねると「大丈夫!!　モモの代わりにアイちゃんが洗ってくれてるから」とのこと。モモカのロッカーは，いつも荷物がはみ出し，靴も出しっぱなしである。
　年末が近づき，子どもたちが「大掃除をしよう」というので，みんなで力を合わせてワイワイと楽しく始めたが，案の定モモカだけは何も手伝おうとしなかった。そんなモモカも大好きなウサギのお世話だけは，面倒くさがらずに毎日行っていた。大掃除の翌日，いつものように保育者とモモカは，ウサギ小屋の掃除をしていた。いつもよりも丁寧な掃除の仕方に「モモちゃん，いつもよりピカピカだねぇ。ルルちゃん（ウサギ）も気持ちいいって喜んでるよ」と保育者が声をかけると，モモカは，「あっ」という表情でどこかに行ってしまった。驚いた保育者が後を追うと，なんとモモカは保育室に戻り，自分のロッカーを整頓してピカピカにしていた。

　確かに，モモカは面倒くさがりなところがあるのだろう。しかし，「どうせあの子はやらないから」と諦めて，そういうレッテルを貼ってしまうと，それ以外に原因を探らなくなってしまう。モモカに欠けていたのは，「きれいにしなきゃ」という"必要感"だったのではないだろうか。

（4）その子の意志を尊重する

事例8-7　じぶんで…

　タクヤ（2歳）は，最近くつ下がはけるようになった。いろんなことに挑戦しようとしている姿をよく見かける。しかし，名札まで自分で付けている姿は，危なっかしく，安全ピンで刺さないかと気がきではない。

　その様子を見かけた所長は，「危ないからやめさせた方がいいんじゃない？」と担任に忠告したが，担任はできる限り側について見守ることにした。はじめのうちタクヤは，安全ピンを外すことさえもできず「うー」とうなっていた。しかし徐々に段階を経て，3か月後には，ブラブラで今にも落ちそうではあるが，名札を付けることに成功した。その名札を保育所中の職員全員に見せびら

かし，とても満足そうに練り歩く姿はなんとも頼もしかった。

　発達上無理だと考えるのは，大人の側の見方なのだろう。確かに，能力以上のことをして，必要以上に大きな挫折感を感じてしまっては意味がない。しかし，子どもの能力はいろいろな支えによって高まるものであり，そのスピードははかりしれない。

　子どもを信頼し，その子の意志を尊重できる保育者でありたい。

■引用文献

1），2）河邉貴子編：保育内容　健康の探究，相川書房，p.113，2000

3）村中李衣作・川端誠絵：うんこ日記，ＢＬ出版，2004

4），5)，6)佐伯胖:「わかり方」の探究―思索と行動の原点―，小学館，p.259，p.263，2004

■参考文献

今井和子：0・1・2歳児の心の育ちと保育，小学館，1998

岡田宣子・鐸木夏美：子どもの着衣行動の発達からみた快適衣服設計，日本家政学会誌，2013　Vol.64　No.10　pp.623−635

河邉貴子編：保育内容　健康の探究，相川書房，2000

近藤充夫編：保育内容　健康，建帛社，1999

杉原隆・柴崎正行・河邉貴子編：新・保育講座⑦　保育内容「健康」，ミネルヴァ書房，2001

奈良間美保ら：系統看護学講座　専門22　小児看護学1，医学書院，2003

日本保育学会編：保育学講座3　保育の営み―子どもの理解と内容・方法，東京大学出版会，2016

根ヶ山光一・外山紀子・河原紀子編：子どもと食　食育を超える，東京大学出版会，2013

服部祥子：生涯人間発達論　人間への深い理解と愛情を育むために，医学書院，2000

松尾宣武・濱中喜代編：新体系看護学第28巻　小児看護①　小児看護概論・小児保健，メヂカルフレンド社，2003

森上史朗・小林紀子・渡辺英則編：最新保育講座⑧　保育内容「人間関係」，ミネルヴァ書房，2009

森上史朗・吉村真理子ほか：「〔特集〕発達のとらえかたの変化と保育」発達No.86　Vol.22，ミネルヴァ書房，2001

吉村真理子：絵本の匂い，保育の味，小学館，1998

第9章
保健への配慮と指導・援助

　子どもにとって健康であることは，すべての生活の基本である。大人でも体調が悪いと，行動は緩慢になり様々なことへの意欲が減退するが，子どもの場合その変化は一層顕著である。保育者は常に子どもの健康や安全に気を配り，発熱や体調不良の兆候が見られたら直ちに保育を中止して，健康回復に向けて万全の処置をとらなければならない。心身の体調不良は楽しく遊べないばかりでなく，けがやトラブルの原因ともなる。

　日常の保育の中で何を優先していくかは，集団としての活動予定や，一人ひとりの子の健康状態，行動欲求などによって異なってくる。ここでは子どもたちの心身の健康状態を第一に考え，心や体が健康に発育しているか，発育環境が無理なく清潔に保たれているか，保護者との連携はスムーズに行われているかなど，保健への配慮や指導の留意点，援助方法などをみていく。その際，保健予防意識や食育の基礎を育てていくことも忘れてはならない。

1. 子どもたちの健康状態の把握

（1）保健調査（入園時に保護者が記入）

　園児の健康管理や保健指導を適切に行う目的で実施する。これを基に園児の健康状態を把握し，必要に応じて面談で確認する。健康管理上特に注意を要する点については教職員間で共通理解を図っておく。

　これらの情報は個人情報なので扱いには十分注意する。また，プライバシーに配慮し，園児の健康管理以外の目的には使わない旨を明記する。

1. 子どもたちの健康状態の把握   *143*

保健調査票の項目

○生れた時の様子　　出生時の身長，体重など

○既往症　　心臓病　腎臓病　結核　喘息　川崎病　ひきつけ　その他

○今かかっている病気　　定期的な通院，服薬，運動制限など

○アレルギーの有無　　食物アレルギー　薬物アレルギー　その他

○今までに受けた予防接種　　　4種混合　MR（麻しん風しん混合）
　　　　　　　　　　　　　　　BCG　B型肝炎　その他

○眼科・耳鼻科・内科にかかわる症状　　起こしやすい症状や気になる点
　　　　充血　目やに　目の向き　中耳炎　いびき　言語　便秘　乗り物酔い

○その他　　園児の平熱　緊急連絡先　かかりつけの医院

（2）定期健康診断

　年度当初（4月〜6月）に，園児の発育状況や健康状態を把握し，疾病や異常を早期に発見する目的で実施する。結果は2週間以内に保護者に伝え，疾病や異常が見つかった場合は早期に適切な処置をとるように勧める。

定期健康診断の項目

① **身体計測（身長・体重）**：体重減少や，低身長に注意する。身長・体重は毎月測定し，数値の変動を見ていくのが望ましい。

表9－1　5歳児の体位と疾病異常

	身長	体重
男	110.3cm	18.9kg
女	109.3cm	18.5kg

むし歯（う歯）	31.16%
裸眼視力1.0% 未満の者	26.06%

（令和元年度学校保健統計調査報告書より）

② **聴力・視力の測定**：全員に行うのが望ましいが健康観察で異常が疑われる子どものみ実施してもよい。耳元で指を擦って音を出し聞こえ方をみる方法（指擦り法）や，絵文字を見せて見え具合を確かめる方法もある。

　a．オージオメータによる聴力測定　　左右とも，1,000ヘルツで30デシベ

ル，4,000ヘルツで25デシベルの音が聴取できるか調べる。

ｂ．ランドルト環を使った視力測定

Ａ：1.0が見える	異常なし　他に症状があれば眼科に相談する
Ｂ：0.7～0.9	様子観察　左右差や症状があれば受診する
Ｃ：0.3～0.6	受診し検査を受ける　矯正する場合もある
Ｄ：0.3が見えない	普段の生活に支障があるのですぐに眼科受診

結果はＡ・Ｂ・Ｃ・Ｄの４段階で知らせる。

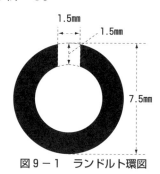

図９－１　ランドルト環図

③ **その他の検査**：内科検診・眼科検診・耳鼻科検診・歯科検診・心電図検査・脊柱，胸郭および四肢の状態・尿検査・結核検診

（３）日々の健康観察

　登園時，保育中，降園時と，それぞれの場における子どもの様子を観察する。けがをしていたり，家庭でのトラブルが原因で調子が悪いこともあるので，保護者に聞いたり子どもに問いかけたりする。「どこかいつもと違う」これが健康観察では重要な観点になる。子どもによってそれぞれ個性があるので，一人ひとりの普段の様子を十分に把握し，小さな変化にも気付けるようにする。

１）健康観察の目的
　子どもが今日一日元気に楽しく過ごせるようにする。
① 病気やけがなどを早期に発見し，受診や治療を勧める。
② 感染症を早期に発見し，学級閉鎖や臨時休園などの予防措置を行う。状況に応じて保育活動を調整する。
③ 不安や悩みなど精神的な問題を早期に発見する。
④ 虐待などの家庭の問題を早期に発見する。

２）健康観察の観点
　ａ．登園時の園児の様子
　一日は登園時から始まる。保育者は子どもの歩き方や保護者との離れ方，あ

いさつの様子に着目して観察する。元気な園児は明るくリズミカルに歩き，明るく大きな張りのある声であいさつする。そして表情豊かに笑う。足を引きずったりかばったり，登園するのを嫌がったり，保護者と離れるのを嫌がって泣いたりするときは気を付けなければいけない。暗く沈んでおり，こちらから声をかけても返事が返ってこないときは要注意である。体調を見極め，情緒の安定に向けて援助していかなければならない。

ｂ．保育中の園児の様子

まず外見的な観察を行い，次に症状や行動の様子を見る。異常を認めたら遊びを止めて確認し，必要に応じて休養させたり保護者に連絡したりする。体調が悪いと何をしても機嫌が悪く，すぐに怒ったり泣いたりする。けんかや遊具の奪い合いなどの原因にもなる。ただしわがままによる場合もあるのでよく見極めることが必要である。

ｃ．園児からの訴え

子どもは自分の体の症状として痛い，血が出た，気持ちが悪い，うんちがでちゃった，などと訴えてくることが多い。「痛み」に関する子どもの訴えは複合的な場合が多く様々な原因が考えられる。明らかに外傷があれば判断しやすいが，そうではない場合は問いかけたり触れたりして痛みの場所を特定し，その程度を予測する。頭・目・耳・口・歯・腹・背中・手・足・お尻など，体のあらゆる部分が対象になる。あまり痛くないが悔しくて訴えていることもあれば，痛む場所が聞くたびに変わることもある。いずれにしても重大なけがや病気が隠れていることがあるので丁寧に対応して，記録に留め，保護者に連絡す

表9－2　保育中の子どもの健康観察項目

項　目	おもな症状や子どもの様子
顔	赤く熱っぽい　顔色が悪い　発疹や湿疹がある　傷や内出血がある
目	目やに　充血　瞬きが多い　まぶたの腫れ　痒み　目を細める
耳	耳漏（みみだれ）がある　呼びかけにすぐ答えない
鼻・喉	くしゃみ　咳　鼻水　鼻詰まり　鼻血　嗄声（かすれ声）
皮　膚	発疹　湿疹　蒼あざや外傷がある　痒みがある
食　欲	食べない　残す　異様に食べる（無茶食い）
行　動	緩慢　あくび　ぐずる　泣く　興奮気味　落ち着きがない　甘える

る。「出血」は部位を確認し，けがによるものか鼻血か，他の子の血が付いているのか特定し処置する。肛門や性器からの出血の場合もある。「うんち」の場合は便の状態を観察し，下痢を伴う場合はO157の疑いもあるので扱いに注意して保護者に連絡する。「気持ちが悪い」は5歳頃から言ってくる。本当に気持ちが悪いことが多い。

d．降園時の園児の様子

あいさつや保護者との接し方，歩き方について，朝と違う様子はないか観察する。降園時の園児の表情からその日の園での生活を振り返ることができ，翌日への援助につなげることができる。

2．子どもの疾病とその予防・処置

（1）人にうつる病気（感染症）

学校や幼稚園・保育所等は多くの子どもたちが集まっている。感染症が蔓延しやすい場である。感染性の疾患が疑われた場合は他の子どもとの接触を避け，すみやかに受診するよう保護者に伝える。流行を未然に防ぐために保健便りなどで注意を呼びかけ，状況に応じて学級閉鎖や臨時休園をする。園医や現場の教職員の的確な指示が必要である。どんな対策をとったか，期日・経過等詳しく記録しておく。保育者は日頃から子どもの感染症について学習し，近隣の感染症情報に耳を傾け早期発見できるように努める。保育者自身の感染を防ぎ，自ら感染者にならないようにすることも大切である。

学校における感染症については学校保健安全法施行規則により次のように分類され，蔓延防止が図られている。これらの病気にかかった場合は出席停止となり欠席日数には入らない。登園するときは，医師による登園許可証明書の提出が必要である。

○**第一種**　感染症予防法に定める一類と二類（結核除く）の感染症及び指定感染症，新型インフルエンザ等感染症，新感染症：急性灰白髄膜炎など。感染症指定医療機関へ入院となり治癒するまで出席停止。

○**第二種**　飛沫，空気感染による感染症：幼稚園や保育所等，学校で流行する可能性が高い感染症。登園許可基準が次のように定められているが，医師が感染のおそれがないと認めた場合はこの限りではない。

インフルエンザ：発症した後5日を経過し，かつ，解熱した後2日（幼児は3日）を経過するまで。

百日咳：特有な咳が消失するまでまたは5日間の適正な抗菌性物質製剤による治療が終了するまで。

麻しん（はしか）：解熱後3日を経過するまで。

流行性耳下腺炎(おたふくかぜ)：耳下腺等の腫脹が発現した後5日を経過し，かつ，全身状態が良好になるまで。

風しん（三日はしか）：発疹が消失するまで。

水痘（水ぼうそう）：すべての発疹が痂皮（かさぶた）化するまで。

咽頭結膜熱：主症状（発熱・咽頭炎・結膜炎）消退後2日を経過するまで。

結核・髄膜炎菌性髄膜炎：感染のおそれが消失したとき。

○**第三種**　経口感染など学校で流行を広げる可能性がある感染症：コレラ・細菌性赤痢・腸管出血性大腸菌感染症・腸チフス・パラチフス・流行性角結膜炎・急性出血性結膜炎・その他の感染症（溶連菌感染症・感染性胃腸炎（流行性嘔吐下痢症）・ウイルス性肝炎・手足口病・伝染性紅斑・ヘルパンギーナ・マイコプラズマ感染症）がある。登園許可は園医等の医師が感染のおそれがないと認めるまで。

○**通常出席停止の措置は必要ないと考えられる感染症**：水いぼ・とびひ・アタマジラミなど（ただし，教育的配慮によっては停止する場合もある）。

（2）子どもに多い疾病や異常

1）風邪・発熱・腹痛

　最も多いのは「風邪」である。発熱，咳，くしゃみ，鼻水，だるさなど，様々な症状を総称して呼ぶことが多い。食欲不振や腹痛，下痢を伴うこともある。症状は軽いがウイルス性のものもあり，他の園児にうつることもある。

「風邪は万病のもと」といわれるように重大な病気の初期症状のこともあるので，軽視せず医師の判断を仰ぎ，無理をさせずに十分に休養させる。

保育中に「発熱」が疑われた場合は手で触れるだけでなく，実際に体温を測定して熱の状態を確かめる。体が熱いだけでなく手足が冷たいときも，熱が高いことがある。あらかじめ子どもの平熱を把握しておくことも必要である。一般的には風邪の症状があって体温が37度以上ある場合は，頭部を冷やすなどして休養させる。子どもの熱は急激に上昇することが多いので，早めに保護者に連絡し受診した方が安心である。「腹痛」は，食べ過ぎや便秘が原因の場合は横にさせておなかをなでたり，トイレに行かせたりすると治ることが多い。普段の排便の様子を聞き，規則正しい排便習慣をつけるようにアドバイスすることも必要である。時として虫垂炎や腸閉塞のこともあるので注意する。

2）う歯（虫歯）

近年，その数は低下傾向にあるが，う歯は子どもの疾病異常の中では最も多く，小・中学生では全体の40～50％にも及ぶ。幼児の被患率は他の年齢に比べて低いが，それでも35％前後である。2019（令和元）年度の学校保健統計調査によれば，5歳児の被患率は処置完了者と未処置のある者を含めて31.16％であった。う歯があると痛みがあるばかりでなく，食物を上手に噛むことができず食事に時間がかかるようになる。食べこぼしや好き嫌いの原因にもなり言語に影響することもある。乳歯は生後7か月頃から生え始め，3歳までには上下10本ずつ，合計20本が生えそろう。5歳を過ぎると6歳臼歯と呼ばれる永久歯が生えてくるようになり，早い子では下の前歯の永久歯も生えてくる。乳歯のう歯は永久歯にも影響してくるので放置せずに治療しておかなければならない。保護者にも予防の重要性を伝え，丁寧な歯磨きや食後のブクブクうがいの徹底を呼びかける。

図9－2　子どもの歯

3）屈折異常（近視・遠視・乱視）・斜視

幼児の視力は未発達であり，常に変動している。長時間続けてテレビを見

る，ゲームをやり続けるなど，目に負担がかかることをしないようにさせる。絵本を読むときや絵を描くときも目を近づけ過ぎないよう注意し，良い姿勢で行えるように声をかける。またテレビを見る時画面に近づく，目を細める，斜めに見るなどの様子が見られたら眼科で診てもらう。めがねは正しくかけられるよう援助し，破損・紛失しないよう扱いに注意する。他の子どもにもめがねの必要性が少しでもわかるように話す。めがねの話の絵本を読むのもよい。

「斜視」は物を見るときに黒目が内側や外側に寄ってしまう。無意識のうちに片目で見るようになり，使わない方の目の視力低下を起こす。幼児のうちに治療すれば治る確率が高いので，早期発見が大切である。

4）その他の病気

心臓病，腎臓病，小児糖尿病，小児痙攣，喘息，アトピー性皮膚炎，発育障害，低身長，精神的な病気などがある。いずれもより専門的な知識と援助が必要となる。主治医の指示のもとに嘱託医と相談し，保護者と連絡を取り合いながら管理を行っていかなければならない。

3. 子どもの事故とその処置

（1）事故発生時の対応

子どもの事故防止のため保育者は安全管理を行い，保護者や子どもへの安全指導を行って予防に努めている。しかしそれでも事故は起こってしまう。慌てず，適切・迅速な処置を行い，常に誠意をもって対応することが大切である。

1）救急時に備えて

① 救急時の対処方法や医師の連絡先を，誰もがわかるように掲示しておく。

② 救急箱は常に取り出しやすい所に置きみんなが使えるようにしておく。

③ 保護者の緊急連絡先を把握し，すぐに連絡が取れるようにしておく。

2）事故発生時の救急処置

落ち着いて，大きな声で事故をみんなに知らせ，近くにいる保育者と協力して処置にあたる。子どもたちが近くにいる場合は，動揺させないようにしてそ

の場から遠ざける。血が出ている場合は清潔なタオルやハンカチで傷口を押さえて血を止める。血の付いた衣類やタオルはけがをした本人や他の子の目に触れないようにする。本人には「けがは心配ない」と伝えて安心させる。手を握ったり体をなでてあげるとよい。ベッドなど平らな所で安静にさせ，毛布やバスタオルをかけて暖かくしてあげる。けがの程度を確認して保護者に連絡し，なるべく早く専門医へ連れて行く。状況によっては救急車を呼ぶ。

　発生時刻，けがの程度とそのときの子どもの様子（症状），行った処置などをメモする。早い時期にけががどのように起こったのか保育者や子どもに確認し，現場に行って確かめて記録に留める。写真に撮っておくのも有効である。

3）事後措置

① 子ども同士のトラブルが原因の場合は，それぞれの保護者に直接状況を伝え，気まずい思いが残らないよう配慮する。

② 事故の発生状況，その前後の保育者の動向，行った処置，保護者への対応その後の経過等について，記録を基にした事故報告書を作成する。

③ けがが完全に治るまで，必ず経過観察を行う。

④ 日本スポーツ振興センター（災害共済給付）の措置をとる。

（2）生命にかかわる重大な事故やけが

　幼児の死因で最も多いのは不慮の事故であり，死亡者の30％を占める。その主な原因は交通事故であるが，1～4歳では溺死や誤飲などの窒息死も目立つ。保育中も高所からの落下，衝突・転倒による全身打撲，頭部や腹部の打撲などは起こり得る。すみやかな医療機関への連絡と救命処置（気道確保・人工呼吸・心臓マッサージ）・AED（自動体外式除細動器）の操作などが行えるよう日頃から訓練をしておく。また後遺症を残しやすい目や耳や歯，顔のけがにも注意が必要である。

（3）子どもに多いけがとその手当て

　ここでは子どもに多いけがの簡単な手当てについて記す。どんな小さなけが

でも，心配な場合，気になる場合は必ず受診するのが原則である。また処置時には，けがの原因を考えさせるとともに，子どもにもできる手当てやけがの予防方法について繰り返し，繰り返し指導する。

1）擦り傷

　膝や肘が多いが，顔や手のひら，手指を擦りむくこともある。水道水で傷口の砂や汚れをきれいに洗い流す。軽い傷はそのまま乾燥させればよい。深い傷は刺激の少ない消毒薬で消毒し，殺菌効果のある軟膏や皮膚を保護する軟膏を塗る。出血時は救急ばんそうこうやガーゼを当てる。ひどいときは受診させる。水できれいに洗った後にラップ状のもので密閉し治す方法もある。

2）切り傷

　はさみ，紙，草などで切ることがある。すぐにハンカチなどで傷口を押さえる(圧迫止血)。その後傷口を水で洗いガーゼや包帯を当てる。出血が止まったら救急ばんそうこうを貼ってもよい。血が子どもに見えないよう配慮する。

3）刺し傷

　木や草のとげが刺さることが多い。安全ピンの針で刺すこともある。

　とげが刺さっている場合は抜き，水できれいに洗う。傷の周囲を揉むようにして汚れを押し出すようにするとよい。丁寧に消毒する。

4）打　撲

　走って転ぶ，おもちゃや机にぶつかる，投げた物が当たる，子ども同士でぶつかるなど衝突や転倒によるものが多い。戦いごっこやけんか（なぐる・蹴る）が原因のこともある。けがの部位をよく観察し動かさないようにして水や氷で冷やす。必要に応じて湿布薬を貼る。2～3か所を同時に打っていることも考えられるので，子どもの全身症状に注意して痛みの有無を確認する。後になって腫れることもあるので必ず翌日の様子を見る。

　頭を打った場合は十分な経過観察が必要である。保護者にけがの状況を説明し家でも安静にして様子をみてもらう。誰かに押された，叩かれたなど，友達同士がかかわっているときは特に配慮が必要である。

5）鼻　血

衝突や転倒時に鼻を打って出ることが多いが，引っ掻いたり擦ったりして出ることもある。ティッシュやハンカチで鼻の付け根を押さえ止血する。子どもだけでは強く押さえられないので大人が行う。口を開けて息をさせる。

6）挫　創

手足の指をドアや椅子などに挟むことが多い。友達に踏まれることもある。腫れや変形の有無，可動域の異常を確かめる。動かさないようにして水や氷で20～30分冷やし，様子を見る。その後湿布薬を貼り包帯などで固定する。

7）噛み傷

けんかや戦いごっこで興奮したときに起こりやすい。口内の雑菌が付いているのできれいに洗う。冷やすことで腫れや内出血の程度を抑えることができる。30分以上冷やす。必ず保護者に説明する。

（4）保健室（保健コーナー）

保健室は子どもがけがや病気をしたときに救急処置を行い，医療機関に行くまでの間，休養させておく所である。また保健活動の拠点として保健管理や保健指導を行う場でもある。以下，保健室に必要な条件を述べる。それぞれの施設の状況に応じて設備を整え，必要な備品を備えておかなければならない。

保健コーナー

① ベッド（ソファベッド）が備えてあり，子どもが横になることができる。
② カーテンや衝立などで区切られており，子どもが落ち着いて休養できる。
③ 教職員の見えるところにあり，なおかつプライバシーが守られている。
④ 処置台や診察台，衛生材料などが備えられ，常に清潔な状態に保たれている。
⑤ 園庭からの出入りがしやすく，手や足が洗えるような水道施設が近くに

ある。

⑥ 保健に関する情報が整理され，いつでも取り出せるようになっている。

⑦ 幼児向けの保健指導用教材がそろっている。

⑧ 必要な備品・薬品・衛生材料など：体温計・身長計・体重計・滅菌器・担架・ピンセット・はさみ・とげ抜き・爪切り・氷枕・殺菌消毒薬（アルコール等）・軟膏類（殺菌・痒み止め・保湿）・救急ばんそうこう・紙ばんそうこう・テーピングテープ・三角巾・包帯・湿布薬・冷却剤・滅菌ガーゼ・脱脂綿・綿棒・携帯用救急鞄

4. 食育と健康

「食育」とは，幼児期から食事の大切さや食に関する知識を学んで，健康な生活の基本としての「食を営む力」を育て，豊かな食生活を送れるようにすることである。食べることは子どもの発育と活動の源であり，食べて遊んで眠ることで子どもの体がつくられ，エネルギーが生み出される。楽しくおいしく食べることで豊かな心も生まれる。子どもの食生活の実状に配慮し，食べることの喜びやみんなで食べる楽しみを伝え，食事のマナーなども身に付けさせたい。

（1）食育で身に付けたいちから

① **食べ物を選ぶちから**：何でも食べてみよう。自分で選んでみよう　　炭水化物（穀類・いも類），たんぱく質（肉・魚・乳製品・豆類），ビタミン・ミネラル・カルシウムなど，体に必要な食物をバランスよく摂ることができる能力。

② **味がわかるちから**：どんな味がするかな。いい匂いがするかな　　食べ物の味やおいしさがわかる能力。かすかな甘味やうま味などの微妙な味覚は，自然の食材を食べ十分味わうことで育つ。

③ **料理するちから**：みんなで作ってみよう　　様々な食材を使い，見る，聞く，触る，嗅ぐ，味わうなどの諸器官をはたらかせて料理する能力。食材を選んだり包丁を使ったりもする。子どもたちの創造力や，集中力，物事を計画

的に進めるちからも身に付けることができる。親や保育者と一緒に作ることでコミュニケーションもとれる。

④ **食べ物を通してコミュニケーションするちから**：みんなで食べよう　食べ物をみんなで楽しく食べられる。食べることを楽しんだり，作ってくれた人のことを考える。

⑤ **食べ物の育ちがわかるちから**：みんなで育ててみよう　食材はすべて自然の中から生まれていることがわかる能力。実際に野菜を育てたり収穫したりすることで，自然や食べ物への感謝の気持ちが生まれる。

⑥ **元気な体がわかるちから**：今日のからだの調子はどうかな　自分の体調の良し悪しを感じることができる能力。毎日きちんと食べられるか，うんちが出ているか，鼻水は出ていないかなどがわかり，どうしたらよいか考えられる。

（2）保育所・幼稚園等でできる食育

① **自然の中で，食べ物にかかわる体験をたっぷりさせる**　きゅうり・いんげん・さつまいも・ミニトマトなど野菜を育てる。育った野菜をもいだり，掘ったりして収穫し，洗ったりする。収穫した野菜の味見をする。

② **保育者や保護者と料理体験をする**　メニューを決め，どんな食材を使うか考える。子どもと一緒に買い物に行き子どもに食材を選ばせる。買ってきた材料を洗ったり，切ったり子どもと一緒に料理する。じゃがいもやにんじんなど味付け前の食材の味見をさせる。煮えてきたときのにおいを嗅いだり，色の変化を見たりする。

③ **食事やおやつの時間を大切にする**　食べる前には手を洗う。食べた後にはブクブクうがいをする。

よく噛んで食べる。残さず食べる。好き嫌いなく食べる。

みんなで食べる。楽しく食べる。大声を出したり歩き回ったりしない。

食事のマナーを守る。正しい箸の持ち方，使い方をする。

5. 家庭や関係機関との連携

（1）家庭との連携

　事故が発生時すぐに連絡がとれるよう，入園時に緊急連絡先をきちんと確認する。自宅や携帯の電話，eメールアドレスだけでなく，勤務先や祖父母宅など，必ず連絡がとれるようにしておくことが必要である。また，保護者面談などで子どもの様子を話し合い，口頭や連絡ノート，eメールで気付いたことを連絡するなど常に情報交換し，子どもたちが元気に楽しく過ごせるように協力していく。

（2）医療機関との連携　（学校医・園医・嘱託医）

　嘱託医は定期健康診断や感染症対策にかかわるだけでなく，子どもたちの健康状態を把握し専門的な立場から助言をしてくれる。疑問点については積極的に相談し指示を仰ぐのがよい。保護者の希望があれば健康相談もしてくれる。

　飲料水や騒音，害虫の駆除など，環境衛生管理については市町村など各地方自治体で実施してくれる。学校薬剤師が検査や助言をしてくれることもある。

（3）地域との連携

　地域の保健センター（保健所）では，就学前児童の健康管理や子育て支援を行っている。子育ての悩み相談や，保健・栄養指導を行っているところも多い。病後保育や一時預かり保育を設けている自治体もある。子育てや教育にかかわる様々な情報の把握に努め，必要に応じて保護者に伝える。児童相談所や療育センター，警察や消防署などと日頃から関係を築いておくことも必要である。

■参 考 文 献
文部科学賞：令和元年度学校保健統計，2020
厚生労働省：楽しく食べる子どもに～食から始まる健やかガイド，2004

第10章
安全の管理と指導・援助

　人は生涯，誰もが健康で安全に過ごしたいと思うにちがいない。「安全」とは『広辞苑』によると「安らかで危険のないこと」「物事が損傷したり，危害を受けたりするおそれのないこと」とある。つまり，人が暮らす社会において安全は，すべての事物より最優先される基本的条件であるといえよう。私たちが生活している身近な環境は，多くの人々の手によって安全対策がなされ管理されている。私たちにとって「安全」という言葉は，安心して暮らせるということではないだろうか。

　そこで，この章では子どもを取り巻く環境すべてに対して，生命を守るための安全をどのように捉え，管理し，特に幼児期の教育をどう指導していくかについて実践的立場から具体的に考察する。

1. 安全管理の意義と目的

　乳幼児にとっての安全な生活は，100％大人が保護し，守る義務がある。子どもが自立していくとともに，幼児期から安全に対する基本的行動の仕方を身に付けさせ，生命の尊さに気付かせ，生命への尊重を理解させていくことが大切である。しかし，子どもはまだ生活能力に欠けているため，何が危険で，危険をどのように察知し具体的にどう回避すればよいのかが理解できないので，保護者や保育者の保護下で安全指導していくことが求められる。

　子どもの安全に関する能力は，脳・筋力・神経系統などの発達の統合によって成し遂げられていく。そのため，日々の生活の中で精神的・身体的諸側面の

発達と併せ，危険に対する回避能力を養うことが大切である。

　特に教育においては，環境が最も安全であることが必須の条件となる。どんなに素晴らしい教育をなし得ても，一度大きな重大事故を招いてしまえば，今まで行ってきたその素晴らしい教育も，その評価は一変してしまう。幼い子どもの生命を守ることは，保育者として最も大切な課題といえるであろう。

　子どもの安全を守るために，保育者は園の環境や周囲の環境に目を向け，危険な場所や物が放置されていないかなどを点検し，改修したり排除したりしながら，子ども一人ひとりの危険に対する回避能力を育てていくことが，教育として求められる。つまり，自ら危険を察知し回避する判断力とその敏捷な行動力が身に付くよう保護下で指導していかなければならないのである。

2. 子どもの事故やけがの要因と発生場所

　子どもは，危険から身を守る回避能力がきわめて低く，様々な場所で思いもよらぬけがや事故に巻き込まれることがよくある。

　遊びに夢中になり周囲からの危険が迫っていることに気付かなかったり，個々の発達のばらつきから友達との運動能力の差に気付かず，憧れや好奇心から無理な行動に参加し事故に巻き込まれたりする。また，環境的にも，子どもにとって魅力ある環境を構成するあまり，危険に対する対策がなされずに，保育者の不注意や管理不備から事故が発生することもある。

　幼児期の安全教育は，危険に対する回避能力を養うことが大切で，リスクとハザードとのバランス＊をどのように保育の中で捉えていくかは，大きな課題となるところだ。

＊　子どもたちが「知っていて，気付いていて挑戦・冒険する危険」が「リスク」であり，子どもたちが「知らない，気付かない危険」が「ハザード」である。子どもの挑戦・冒険心を大事にして「リスク」を求めることと「ハザード」も含めた危険回避のバランスは難しい。

158 第10章 安全の管理と指導・援助

（1）子どもの事故の発生場所

では，幼稚園や保育所等・幼保連携型認定こども園（以下「認定こども園」とする）では，実際に子どもの事故やけががどのような場所で多く発生しているかについてみてみよう。2018年度１年間の全国の数値を表10－１に示した。

表10－1　負傷・疾病の場所別発生状況（全国，2018年度）

件数

区　分		幼稚園	保育所等	認定こども園
園内・園舎内	教室（保育室）	5,023	18,424	4,814
	体育館・屋内運動場	556	488	317
	遊戯室	976	2,555	763
	廊下	1,073	1,466	558
	その他	1,192	2,550	809
	計	8,820 （50.9%）	25,483 （61.7%）	7,261 （62.0%）
園内・園舎外	運動場・校庭（園庭）	7,154	11,990	3,600
	プール	95	314	77
	その他	216	400	106
	計	7,465 （43.1%）	12,704 （30.8%）	3,783 （32.3%）
園外	道路	431	950	210
	公園・遊園地	276	1,543	282
	その他	331	597	178
	計	1,038 （6.0%）	3,090 （7.5%）	670 （5.7%）
合　計		17,323	41,277	11,714

（学校管理下の災害〔令和元年版〕，独立行政法人日本スポーツ振興センター，2019）

　災害の発生する場所は，幼稚園・保育所等・認定こども園とも屋内では保育室内が最も多く，保育所等では18,000件を超えている。次いで多いのは保育所等・認定こども園では遊戯室，幼稚園では廊下，遊戯室の順となっている。

　また，屋外では園庭（固定遊具を含む）での災害が最も多く，プールの事故も保育所等では比較的多くみられる。

　ここで示す数値は，日本スポーツ振興センターに加入している幼稚園（79.9%）と保育所等（82.8%），認定こども園（84.6%）が対象で，かつ災害発生報告を行った園からの数値なので，未加入園や加入園からの未報告も併せるとかなりの数で災害が発生しているものと予想することができる。

（2）子どものけがの内容

次に，実際にどのような負傷や疾病の災害が発生しているのかについて，その状況を同じく全国の数値から詳しくみてみよう。

表10−2から負傷や疾病別発生状況をみてみると，子どもに最も多いのは，幼稚園・保育所等，認定こども園ともに，骨折，脱臼，挫傷・打撲，挫創で，全体の75〜80％を占めている。このことは，子どもたちが遊んでいるときに，何かに強くぶつかって負傷を招くことが多いと考えられる。

骨折やねんざ・打撲の場合は，すみやかに冷湿布し，また骨折している場合は，患部を動かさずにそのままの姿勢を保ち固定板を当てて応急的に固定するようにする。慌てず，冷静に負傷者を励まし，ゆっくりとにこやかな笑顔で応急処置を施すことが大切である。安易に緊張させたり不安をあおるような行動や言動は慎まなくてはならない。また，内出血している（挫傷）場合は，すみやかに冷湿布し応急処置を施す。出血している場合（挫創）は，挫創部近くを少し強めに縛り止血措置を行う。その後医師の診察を受けるようにする。

表10−2　負傷・疾病種類別発生状況（全国，2018年度）

件数

区　分		幼稚園	保育所等	認定こども園
負傷	骨折	2,964	4,335	1,442
	ねんざ	967	1,753	549
	脱臼	2,135	7,215	1,908
	挫傷・打撲	5,136	11,730	3,513
	挫創	2,435	6,011	1,572
	切創	560	1,287	373
	裂創	918	2,193	674
	その他	904	2,945	665
	負傷の計	16,019	37,469	10,696
疾病の計		1,304	3,808	1,018
負傷・疾病の合計		17,323	41,277	11,714

（学校管理下の災害〔令和元年版〕，独立行政法人日本スポーツ振興センター，2019）

160 第10章 安全の管理と指導・援助

表10-3 主な負傷・疾病の部位別発生状況（全国，2018年度）
件数

区　分		幼稚園	保育所等	認定こども園	区　分		幼稚園	保育所等	認定こども園
頭　　部		1,566	3,362	1,043		上腕部	677	822	272
顔部	前額部	1,280	3,038	852	上肢部	肘部	1,269	5,291	1,381
	眼部	2,203	5,754	1,707		前腕部	424	546	193
	頬部	394	2,287	450		手関節	225	430	145
	耳部	162	372	114		手・手指部	1,843	3,560	1,064
	鼻部	406	829	227					
	口部	909	2,336	615	下肢部	大腿部・股関節	107	193	71
	歯部	2,049	4,139	1,204					
	顎部	928	1,838	538		膝部	284	324	118
体幹部	頸部	146	267	79		下腿部	207	318	106
	肩部	194	384	114		足関節	688	1,118	334
	胸部	52	130	38		足・足指部	741	2,056	554
	腹部	55	110	42					

（学校管理下の災害〔令和元年版〕，独立行政法人日本スポーツ振興センター，2019）

　さらに，体のどの部位が最も負傷しやすいのかについてみてみる。

　表10-3で示すように，負傷・疾病部位の多い箇所として頭部がある。子ども
もは，発達上3歳から6歳は体型が4頭身から5頭身で，体の重心が高いため
にバランスが崩れやすく転倒しやすいのが特徴である。

　頭部を打った場合は，外傷がなくても，重大な事故に発展する可能性がある。
特に側頭部などを打った場合は，医療機関と密に連絡し，早急に診察が受けら
れるようにする。また，重心が高いことに加え，発達上瞬発的に身をかわすこ
とが未発達のため，顔面をぶつけて鼻出血したり，前額部や顎，頬，目・鼻・
口（歯）などを負傷するケースが多く報告されている。中でも歯牙破折は，5
歳以上では永久歯の可能性があり，将来に対することもあるので，歯科医師と
連絡を密にし保護者への対応は特段の配慮が求められる。このほか腕や肘，
手・指，足の指や関節などの負傷が多いことが表から読みとれる。このよう
に，負傷が頭部や顔に集中していることから，子ども自らの運動能力を高め，
危険回避能力を身に付けられる指導が求められる。

3. 災害に対する安全指導

　火災や地震などの発生に対して，幼稚園や保育所等は常に万全を期して，その対策を講じておくことが求められる。すべての保育者や職員は，子どもたちを安全な場所に避難させ，生命を守ることが最も重要な行動となる。そのためには，普段から避難訓練を実施し，冷静な判断のもと沈着に行動できるよう，繰り返し訓練を積み重ねておくことが大切である。消防法では，学校やホテル・百貨店など多くの人の出入りする施設では，自衛消防隊組織を編成し，いざというときに的確に行動できる体制を組織しておくことが義務づけられている。そのため多くの幼稚園や保育所等では，避難訓練を毎月1回程度年間計画に盛り込み，訓練実施前までに所轄の消防署に「自衛消防訓練通知書」を提出することとなっている。その際，消防車の出動や消防官要請，119番への通報訓練，消火訓練など様々な状況に対する対応訓練を実施することが大切である。

（1）避 難 訓 練

　避難訓練には，大きく分けて火災訓練（隣接火災を含む）と地震訓練がある。子どもに災害発生時を想定させることはかなり難しく，特に乳児については認知発達上理解ができないので，大人が100％責任をもって安全を確保することが求められる。子どもの安全な避難指導については，言語教示だけではなくビデオやスライド，絵本や紙芝居などの副教材を使用して視覚的教示法をとり交ぜ，わかりやすく理解させていくことが大切である。

　実施に当たっては，保育者同士が災害の種別や目標に対して共通に理解し，目的に向かってすみやかに集団を迅速かつ安全に避難させる方法を，実地訓練と併せて図上訓練しておくことも必要である。

（2）防 犯 指 導

　日本は，犯罪に対して世界的にも安全な国といわれてきた。まして学校は最

162　第10章　安全の管理と指導・援助

も安全な場所として，誰もが疑うことをしなかった。

　しかし，急速な社会変化とともに重大犯罪が急増し，まさかと思うような事件が次々に発生している。小学校に刃物を持った不審者が侵入し，多くの子どもたちの命を奪った悲惨な事件*がひとつの契機となって，学校は安全であるという神話は崩れ，多くの学校・幼稚園・保育所等は防犯対策に乗り出した。監視カメラを設置したり，塀を高くしたりの対策がとられ，今日では各園に「110番通報連絡装置」が設置されるなど，緊急時の素早い対応に応ずる対策が講じられている。しかし，実際に不審者が侵入してしまったときの対策は，ほとんど取られていないのが現状である。セキュリティーが万全であっても，万が一女性保育者の多い幼稚園や保育所等に不審者が侵入してしまった場合の対策として，日頃からしっかりと計画を立て，近隣との協力態勢を視野に入れた訓練をしておくことが大切である。

（3）交通安全指導

　交通安全指導は，園に警察官や地域の安全指導員などを招いて実施したり，子どもたちが保育者と一緒にごっこ遊び的な感覚で，横断歩道や信号機，人間自動車や歩行者・お巡りさんなどの役を決めて，楽しく安全に対するルールやマナーを学び，とっさのときの回避方法などを指導するものである。

　特に園外保育や遠足などのときは適時に指示を出し，横断の仕方，信号の待ち方などをわかりやすく理解できるよう指導することが大切である。

4.　安全な環境づくりに必要な留意点

（1）保育室内の安全対策

　前述したとおり，けがや事故が最も多く発生する場所は，保育室や遊戯室であると報告されている。子どもが毎日遊ぶこのような場所で，実際にけがや事

＊　2001（平成13年）年6月8日，大阪府池田市の大阪教育大学附属池田小学校に男が侵入，
　　児童・教師あわせて23人に包丁で切りつけ，児童8人が死亡した。

故はどのような条件下で発生しているのだろうか。

　保育室内を想定し，実際に何が危険であり，その回避方法はどのようにすればよいかを考えてみよう。

　実践において危険を予測できる物と場所について，どこの園にもある物を対象にいくつか列挙し，その対策について述べておこう。

1）園具・遊具・素材の事故予測と安全対策

　① **ドアや引き戸，引き出しなど（指などが挟まれ損傷するおそれ）**　引き戸部分やドアの開閉部分に，ゴムなどの保護用クッションを貼り付ける。特に乳幼児の施設には必要である。

　② **ピアノの蓋（手が挟まれ骨折のおそれ）**　友達が急に蓋を閉めたりするので，鍵盤の端に，小さな積木などを置いて，万が一のとき，蓋と本体に隙間ができるようにすることが必要である。

　③ **タオル掛け（掛けフックに目や頬がぶつかり損傷するおそれ）**　バーの外向きにフックが付けられている旧型は廃棄し，バーの内型のものを用意する。

　④ **机や椅子（角に頭や顔をぶつけ打撲や裂傷するおそれ）**　保育室内での並べ方や椅子の置き方を子どもの動線やコーナー遊びの位置などから，子ども同士の動きがぶつかり合わないように，また室内を走り回ることができにくい環境を工夫することが大切である。

　⑤ **小型積木（投げられ打撲などのおそれ）**　小型積木は，一定の場所を確保し，常に保育者の目の届く範囲で活動を進めていく。

　⑥ **壁面のフック類（頭や目をぶつけ裂傷・打撲・失明などのおそれ）**　常時使う必要のある物以外は撤去し，子どもの頭よりやや高めの位置に取り付けることが大切である。

　⑦ **粘土ベラやはさみ（刺す，切るなどのおそれ）**　粘土ベラ，特にプラスチックのナイフやピックは，正しい扱い方を指導し，持ち歩くときは手で握り，頭の部分を親指で押さえるよう指導することが大切である。また，はさみは保育者が常に安全を確認できるようにするために，保育室内に何個のはさみが出ているかをしっかり把握しておき，誰がどこで使っているかを監視しておく必

要がある。特に入園当初には，はさみの取り扱い方が家庭での取り扱い方と
まったく逆となる場合があるので注意が必要である。家庭では，保護者が子ど
もにはさみを与えるとき，刃の方を握り，持ち手を渡すことがある。集団の場
で持ち歩く場合は，自分が刃の方を握ることになるので，この点をしっかり注
意し，安全な扱いが習慣として身に付くよう指導する必要がある。

⑧ **新聞紙などで作る剣での遊び（目を突くおそれ）**　入園当初は，剣作り
もぶよぶよで，危ないということはないが，次第に作り方が上達し，堅く細く
鋭くなっていく。こうしたとき，保育者は，安全に遊べるよう，剣の先端に赤
い絵の具などを付けて湿度を与え，刺さったときに折れ曲がるようにするなど
の工夫が大切である。

⑨ **小さな素材〈おはじき・ボタン・ビーズ・どんぐりなど〉（誤飲や目や鼻
に入れてしまうおそれ）**　小さな素材は，巧緻性からみても扱いが難しいが
ゆえに子どもには興味のある素材である。時にどんぐりを鼻に押し込んでし
まったり，コンタクトレンズを想像してビーズを目に入れてしまったりするこ
とがある。また，2歳以下の子どもは誤飲することもあるので，十分に監視し
安全に取り扱うようにする。異年齢保育を実施している園では特に注意する。

⑩ **牛乳びんなどのガラス製品の管理（つまずき，破損から裂創・刺創のお
それ）**　牛乳びんは，丈夫にできている代わりに，水道などですすいでいると
きに破損するとかなり鋭利になる。手や手首にガラスの破片が跳ね返り，顔面
を刺したり，手首の動脈を裂創することもある。牛乳びんは，保育者の近くの
テーブルの上でケースに入れて保管する。テーブルがふさがっているときは，
比較的子どもの動線を避けたピアノの足元などに保管し，子どもがつまずかな
いよう管理する。

2）行動面からの事故予測と安全対策

① **保育室内の子ども同士の衝突（激突・挫傷・打撲・転倒などのおそれ）**

仲良し同士が，ついふざけているときに周囲の机や椅子に頭や体をぶつけ負
傷する。入園当初や友達が見つかり仲間ができはじめたとき，つい夢中になり
ふざけ合うことがよく見られる。規制し止めるのではなく，夢中になっている

世界から冷静な世界に気持ちを少し戻してあげるような言葉がけが大切である。「○○ちゃん，楽しそうね」「机に気を付けてね」など周囲に目が向くように言葉がけをする。

② 子どもの動線をさえぎり転倒（転倒挫創・挫傷のおそれ）　保育室内は，机・椅子や素材台などに細かい用具や素材が置いてある。子どもが走り回ったり，仲の良い友達がコーナーなどで遊ぶ際，素材台との行き来に動線が発生する。この動線を保育者が確保し，他の子どもの動線とからまないよう，素材台の位置を工夫する必要がある。動線が確保されないと，子ども同士が激突・転倒したり，あるいは素材や用具の置いてある中に転倒したりする。動線の確保は，遊びの環境構成として必ず意識しなければならない。

（2）園庭の安全対策

1）固定遊具の事故予測と安全対策

① 固定式：太鼓橋・ジャングルジム・連続複合遊具・鉄棒など（打撲・ねんざ・挫傷などのおそれ）　固定遊具は，一定の遊び方が固定化しやすく，慣れてくるとその繰り返しの運動遊びが多くなってくる。しかし，構造上鉄骨遊具は，子どもが手でつかみ，登り，鉄骨バーより上に子どもの位置がくることから，鉄柱に向かって顎や頭を打ったり，転落したりすることが予想される。固定遊具の扱い方と鉄柱の握り方は，一人ひとりの動きを注意深く観察し，握り方が不自然な子どもに対して適時に指導することが大切である。また，冬場の鉄骨固定遊具はかなり冷たいので，握っている間に感覚が麻痺し，握る力が低下し，転落・転倒することがある。

② 揺動式：ブランコ・シーソー・回転球・つり橋など（骨折・打撲・ねんざなどのおそれ）　これらの遊具を子どもが自力で操作すると，自力以上の運動力が働き加速する。子どもが予想以上の動きに戸惑いを感じたり，恐怖感を感じたりすることもある。そのため，減速や停止させることができず，飛び降りたり，むりやり止めようと過度の力を加えたりすることから，事故に巻き込まれることがある。揺動式遊具は必ず保育者が常に監視し，加速が大きく

なったときは，適当に減速させるなどの対処が必要である。

　特に周囲から近づく子どもに対しては，その子が予想できない位置に振り戻しがくるので，周囲に安全柵を設けるなどして対応することが大切である。

２）移動遊具の事故予想と安全対策

　トロッコ・三輪車・乳母車・運搬車など（手や指の裂創・打撲・ねんざ・骨折などのおそれ）　　移動遊具は，子どもたちの人気の遊び道具である。誰もが一度は自分で経験する遊びの一つだ。構造上は安全に作られているものがほとんどだが，扱い方によっては大きなけがにつながるおそれもある。

　園庭の動線を確保し，子ども同士が激突しない環境を構成したり，カーブで転倒することを予測し，激突しやすいものを置かないよう心がけることが大切である。

３）運動用具

　ボール・なわとび・フープ・ロープなど（窒息・内出血・打ち身などのおそれ）　　ボールは，空気の入れ方によって跳ね方が異なる。また，人にぶつかったときにも，その衝撃は異なってくる。基本的には１ｍの高さから落下させたときに60㎝の高さまで戻る空気圧程度がよいとされている。最近では，ソフトなボールも開発されているので，特に３歳以下の子どもが通う園では，ボールの圧力を下げ，安全に過ごせる環境に配慮することが大切である。また，固定用具や鉄棒に，なわとびやロープを結び付けて遊ぶ姿がよく見られるが，首を吊る可能性があるので，危険を回避する必要がある。遊びを優先してしまうのではなく，このような遊び方は危険として排除する。なぜなら，こうした行為を容認すると，大人がいない場所でこうした遊びをしてしまうことが起こるからである。遊びにはしてはいけないこともあることをしっかり伝える保育者の指導も必要である。

（３）疾病に対する防疫体制と安全対策

　物的環境や子ども自身の行動による危険回避に対して，集団生活の場においては健康に対する防疫も安全対策の一つとして対応しておく必要がある。子ど

もの健康を害する屋内構造・遊具・用具・教具や水質の汚染，大気の汚染，室内の照度や換気・室温・湿度，食品などの管理が挙げられる。

1）屋内構造に使用されている化学物質による事故予測と安全対策

ペンキや壁紙のホルマリン，アスベストなど（アレルギー・気管支疾患・肺疾患のおそれ）　保育室内には，構造上様々な化学物質が使用されている場合がある。屋内施設の構造を再点検し，化学物質の使用の有無を点検し，子どもの健康・安全に対する対策が必要である。

2）水質の汚染による事故予測と安全対策

貯水式水道水（食中毒等のおそれ）　子どもに対する新鮮な飲料水の供給は，健康を守る上で生活上最も基本となる。年に1回以上，自治体や学校薬剤師による水質検査を実施し，汚染水とならないよう徹底した管理が必要である。

3）大気汚染による事故予測と安全対策

光化学スモッグなど（気管支喘息等の疾患のおそれ）　大気汚染情報は，地方自治体から各園に連絡が入る。光化学スモッグ注意報が発令されたときは，直ちに子どもたちを屋内に避難させ，外気の一時的遮断を行い解除を待つといった対策が必要である。

4）生活環境による事故予測と安全対策

室温・湿度・換気・照度など（視力低下，気管支疾患，細菌性疾病のおそれ）　人の体は室温や湿度に敏感に反応する。生活環境は，換気に注意し，特に冷房や冬場の締め切った保育室で，冷暖房吹き出し口と子どもとの位置関係に十分注意し，直接風が当たらないよう注意する。また，照度や日射しは，製作活動などで長時間直射日光が目に当たると視力に悪影響を与えるおそれがある。

5）食品管理による事故予測と安全対策

給食やお弁当など（食中毒による嘔吐，下痢などのおそれ）　給食やお弁当あるいは園行事などで子どもたちが手作りする食品は，細菌に汚染されやすく食中毒が発生するおそれがある。給食は配膳台に暖房や冷房の風が当たらないように注意し，すみやかに食させるようにする。お弁当は，特に夏場は高温多湿の中に4時間近く放置するので，涼しい場所に保管するよう心がけるとともに

に，家庭に対して濃い味付けや油を使った加熱食品をお願いし，特にご飯は冷めるまで蓋を開けておき，冷えたら蓋をするよう家庭連絡を徹底する。

　行事等で食物を調理する際は，保育室内で飼育している小動物を前日に保育室から移動しておき，当日は保育者や子どもは，小動物をさわったり飼育当番活動をしたりすることなどは絶対に行ってはならない。最近は食品用の殺菌アルコールスプレーなどが市販されており，便利になっている。また，殺菌用ヒビテンの希釈液で手指等を消毒をしてから調理するようにする。

5. 安全指導と援助のあり方

（1）精神面からの安全指導

　安全な生活は，危険回避能力を養い，安全に関する知識を身に付けることが先決である。危険から身を守るために最も大切なことの一つに，子どもの生活リズムが挙げられる。日々の生活が常に一定に繰り返されるサイクルが最も子どもの心と体を安定させる。極度の緊張を与えたり，不規則に食事を取ったり，寝不足であったりすると，リズムが狂い，ストレスや疲労感が高まり，左右の視野が狭くなり側面が確認できず衝突したり，上下の視野が狭くなることから足下が見えず，つまずいたり，段差を踏み外したりすることがある。つまり，視野が狭まるとともに，疲労感から注意が散漫となり負傷しやすくなるのである。安全な保育を行うためには，保育時間の枠組，図10－1のように活動と活動のつなぎの部分を心の調整として取り扱うことが大切である。

　心の調整とは，快い緊張から緩やかな解放へ，解放・発散であれば休息への導きなどをいう。つまり，リズム遊びや言葉遊び，手遊び，お話，　ゲーム遊び，紙芝居や読み聞かせなどを活動と活動のつなぎとして保育に取り入れることで，心が調整されていく。

　また，保育所等の場合は，長時間保育を行うことから，おやつや検温，昼食や午睡など，生活を中心に緊張・調整・解放・発散・休息といったリズムを整え，活動と活動のつなぎ方に考慮した生活リズムの立案が大切となる。

登　園　—　所持品の整理　—　自由活動　—　入　室　—　朝の会

（快い緊張）　　（心の調整）　　（解放・発散）　　（休息調整）　　（快い緊張）

自由時間　—　お話の会　—　昼　食　—　自由活動　—　集団活動

（解放・発散）　　（快い緊張）　　（休息調整）　　（解放・発散）　　（心の調整）

降園準備　—　降　園　—　園の外へ

（休息調整）　　（快い緊張）　　（解放・発散）

図10－1　幼稚園等における生活リズム

（2）行動面からの安全指導

　自ら危険を回避できる能力を身に付けさせていくためには，一つひとつの場面において，「言って」やらせていくのではなく，「してみせて」やらせていく保育者の姿勢が大切であり，時には，DVDや絵本などの視聴覚教材を有効に活用し，危険から身を守る行動が理解できるようにする。そのためには，同じ場面を何度も繰り返し，習熟していけるようにすることも大切となる。

　特に，交通から身を守るための安全行動や火災・地震などの災害から身を守る方法などは，繰り返し学習させていくことが大切である。

（3）遊びを通しての安全指導

　毎日の遊びの中で，子どもは時々遊びに夢中になり（興奮のため考えたり工夫したりしなくなる）周囲を見失って遊んでいることがある。目的をもたずに前を行く子どもを急に追い回したり，遊びに興奮し分別がつかなくなり，はしゃぎ回ったりけんかを始めたりすることがよくある。

　このような興奮を伴う遊びがエスカレートしているときは，保育者が「○○ちゃん」と名前を呼んで，少し興奮している気持ちを鎮めるようにする。

　特に，木などに登っている子どもに声をかけるときは，「あぶない」ではなく，「○○ちゃん，なにが見えるの，気を付けてね」と一拍あけて声かけすることが大切である。子どもは，いきなり「あぶない」と声をかけられると，怖さか

170　第10章　安全の管理と指導・援助

ら手を離してしまうことがあるからだ。子どもが夢中になり，保育者が危ない
と予想できる遊びをしているときは，ためらわず注意しよう。

（4）長時間保育における生活リズム

　幼稚園での教育時間は4時間とされており，最近では，保育所や幼保連携型
認定こども園等では，長時間保育が行われている。早朝から夕刻までの12時間
もの間，園で過ごす子どもも増加してきており，園で過ごす生活リズムは今ま
で以上に重要視する必要がある。図10-1のように，一日の生活リズムを参考
に，各園で長時間保育を受ける子どもの生活リズムを見直し再構成し，安全で
快適な環境を維持継続することが大切である。

6. 安全管理とその点検の進め方

　安全管理は，園長をはじめ全教職員の責任によって管理する義務がある。園
舎内をいくつかのブロックに分け，それぞれ保育者が担当となって点検し，安
全を確保することが大切である。その際，保育者が潜在危険（予知・予測・予
感される危険）を知る能力をもつことが必要であり，屋内・屋外ともに，子ど
もの遊びを想定し，その行動に対して危険性を予測し，その予測に対して回避
する手段を抜本的に考えていかなくてはならない。

　例えば，保育室内の素材棚にテープカッターがあり，その横で大型積木を積
み上げ，その上に登ろうとしている子どもに対して保育者は，素材棚側に転倒
することを予測し，素材棚を少し遠ざけたり，あるいはテープカッターを別の
場所に一時保管したりする。このように，子どもの活動実態に対して瞬時に対
応することが大切で，また，管理点検表を作成し，学期ごとや月ごとに安全点
検を実施し，破損を修復あるいは撤去し安全を確保する。

　点検項目は，室内の場合，保育室入口近くから目に止まるものを順次書き留
めていくようにする。屋外の場合は，門から時計回りに順を追って記録し，特
に固定遊具の錆やペンキの劣化によるはがれ，鉄柱の足下のコンクリートのむ

き出し状況など，また，ブランコのフックと滑車の摩耗など，気付きにくい箇所についても複数の保育者で点検し，事故のない安全な環境の確保に努める。

7. 家庭・地域との連携

2017（平成29）年に改訂された幼稚園教育要領の第3章の教育課程に係る教育時間終了後等に行う教育活動などの留意事項において，教育課程時間外教育のあり方について，幼児の心身の負担に配慮し，家庭や地域の人々との連携を図り，地域の様々な資源を活用することが明記され，子どもの健やかな成長を支えていくために，家庭や地域と連携し，子どもの毎日の生活習慣や生活リズムを整え，安全能力の向上や安全対策を講じていくことが求められている。

（1）子どもの健康で安全な暮らしの保障

子どもは，毎日元気で活動的に動き回る日々だけではない。時に気力が低下し，園で静的な遊びを好むときもある。それには，家庭での生活リズムが大きく影響しており，睡眠不足や遊び疲れ，食生活の不規則などが挙げられる。

その日の子どもの様子などを保護者に直接伝えることのほか，季節や行事などの時期を捉えて，健康や安全に対する対策や予防を，成長の記録票・お便り帳・クラス通信やeメールなどを活用して，子どもの成長の喜びを伝えながら啓発・指導していくことが大切である。

（2）けがや病気・事故の連絡方法

幼稚園や保育所等で子どもがけがや事故に遭遇することは，大小にかかわらず発生する。こうしたとき，園での初期の処置とその後の対処によって保護者の受け止め方は様々である。集団で生活する以上，子ども同士による事故やけがはいつ起こるかわからない。保育者は，お互いに許し合う精神を常日頃から伝えていくことが大切である。万が一事故が発生したとき，保護者にすぐ連絡し「ご心配をおかけして申しわけありません」の一言を心から伝え，事実を包

み隠さず正直に話し，直面している状況に対して，園長・主任との連絡を密に
し，誠心誠意その子の救済に努めなくてはならない。

■**参 考 文 献**

日本スポーツ振興センター：学校管理下の災害〔令和元年版〕，2019
杉原隆他著：保育内容健康，ミネルヴァ書房，2001
日本児童安全学会編：子どもの安全，ぎょうせい，1994
文部科学省：幼稚園教育要領〈平成29年版〉，フレーベル館，2017

第11章
園外保育と健康

1. 子どもにとっての園外保育

　園外保育には，動物園・水族館・自然のある施設への遠足の類（保護者が一緒の場合もある，時には宿泊保育も含まれる）や日常的な保育の一環として，園周辺の散歩，近隣の公園や神社での遊び，畑の栽培活動，消防署や小学校の見学，高齢者施設の訪問などがある。
　これらの園外保育では，それぞれねらいを定め，そのねらいを達成するために様々な活動が展開される。
　園外保育は園内の保育とは違って，遠くへ出かけたり，園から少し離れるだけで，子どもにとっては楽しみなハレの日である。仲間と一緒に体験する四季折々の自然，様々な人や施設との出会いによって，好奇心・冒険心がかきたてられる。そこからいろいろな人への関心や親しみが生まれたり，自然や社会に対して驚きや発見がある。保育者や友達とおしゃべりをしながら歩いたり，おやつやお弁当を食べたりと楽しいことが多く，保育者でも予期しない会話がはずみ，感情の昂ぶりが本心をのぞかせる時でもある。
　子どもは新しい環境に出会って，主体的になおかつ積極的に環境にはたらきかけるきっかけにする。その体験を通して，身体的・精神的・感覚的にも成長・発達していく。
　したがって園外保育は，広く自然や社会に触れながら心躍らせ，子ども自らが気付き，確かな生活や望ましい遊びを会得する機会なのである。

174　第11章　園外保育と健康

2．園外保育で育つ心身の健康

　園外保育は，子どもにとって心躍る楽しい保育のひとつである。それは，健康な心と体を育て，自ら健康で安全な生活をつくり出す力を養う。この楽しい保育が子どもの心身の健康にとってどんな意味があるのか考えてみたい。

（1）情緒が安定する

　毎日生活している園から出ることで，園と違う雰囲気，広い空間で味わう開放感，自然の中での清清しさ，楽しい気分から情緒が安定する。

> **事例11－1**
> 　リョウヘイ（2歳児）は室内遊びにおいて，隣で遊んでいる子どもを突然叩くことがよくあった。隣の子どもの玩具や遊びに関心がある様子でもなく，また特定の子に関心がいって叩くということでもないようであった。リョウヘイの情緒の不安定さから起きる行動ではないかと保育者は考え，できるだけ散歩にでかけるようにした。散歩から帰ってくると表情も穏やかになり，叩くことが少し減る様子がみられた。

（2）歩く楽しさを知る

　現代は，車社会，住宅の高層化，環境の都市化などで歩く機会が減少して，歩くことが苦手，歩いてもすぐに疲れたと訴える子どもが多くなった。

　園外保育は乗り物を利用することもあるが，徒歩の遠足や散歩はどうしても歩かなくてはならない。また，目的地では探索をしたり，動き回って遊ぶことが多い。

　保育者や友達と楽しいことを見つけながら園外保育に出かけることは，知らず知らず歩くことに慣れたり，保育者に励まされること，友達に刺激を受けることもあって，がんばって歩くことになる。その結果，体と生理機能，運動機能の発育・発達につながる。

（3）食欲を増し食事を楽しくする

　飽食の時代に育っているがゆえに，偏食や常に満腹感を感じている子どもが増加している。園外保育は，よく歩き，自ら遊びを見つけて思い切り体を動かすことで空腹を実感することができる。それは，おなかがすいて食べたいと感じ，おいしい食事をしっかり取ることができることにつながる。お弁当持参の園外保育で子どもが「お弁当まだ？」と待つ姿は，食べる楽しみという点から重要なことである。

（4）多様な動きを経験する

　園にはない様々な動きを誘発する環境に出会うことにより，日常では体験できないダイナミックな動きや異なった体の動かし方をしながら遊びを楽しむ。

（5）安全に関する能力を身に付ける

　園外保育は新しい環境，園にはない遊具・施設，自然などが待ち受けている。例えば，広いあるいは深い草むら，樹木，段差，斜面などは子どもの興味を引き付け夢中にさせる。そのような中で遊んでいるとき，転んですり傷を作ったり，一瞬ヒヤッとすることにも出会う。そのような体験は，注意深く神経を集中して行動したり，自分の限界に気付くことでもある。

事例11-2

　ミカ（4歳児）が園外保育で小公園へ行ったとき，園にはないコンクリート製の大きな山型のすべり台で遊んだときのことである。すべり台に取り付けられている鎖や階段状に埋め込んである石をよじ登ってからすべり降りるのである。友達と横に並んで滑ったり前後にくっついてすべったり，繰り返し遊んでいた。そのうち一人，二人と他の遊具へ移動したり，お茶を飲みに行き，ミカ一人が残った。それでもミカはすべる遊びをやめようとはせず繰り返していた。すると，着地の砂へ勢いよくすべり降り，つんのめってしまったが，ミカはすぐに立ち上がった。驚いたように顔をこわばらせたが泣くこともなく，むしろシャキッとして歩き出した。

　保育者も一瞬ヒヤッとする場面であった。ミカが砂の中へ倒れ込んだのは，

176 第11章 園外保育と健康

周りのことが目に入らぬほどすべり台に熱中していたときのことで，とても怖い思いをしたはずだが，すべる速度と着地の感覚をつかんだ瞬間でもあったと思われる。自分なりの遊びを十分にしていた充実した気分が，ミカの気持ちを早く立ち直らせたと考えられる。

　また，園外保育は交通信号の守り方や横断歩道の渡り方などで交通ルールを身に付けるよいチャンスである。保育者は，歩行中子どもの安全を守るとともに交通マナーを守る力が子どもに育つことをしっかり願いたいものである。

3. 実践例にみる子どもの体験と保育者の援助

　事例を通して，子どもの姿や思いを理解し，園外保育の体験が子どもの心身の健康をどのように培うかを考えてみよう。また，園外保育をより充実して意義あるものにするため，保育者の援助，配慮，反省が重要である。その点についてもそれぞれの事例に即してまとめた。

（1）歩くことが好きになる

> **事例11－3　電車を見に行こう－1，2歳児の散歩**
> 　新入所の子ども，進級した1，2歳児の混合組の子どもたちが，保育者や保育室にも少し馴染んできた5月から，保育所の近くを通っている電車を見に行く計画を立てた。
> 　保育所の横には広い畑があるが，園庭からは生垣があって見ることができない。散歩のはじまりは，門を出てすぐその畑へ出る。そして，畑の真中を通っている農道をゆっくり歩いていくと畑の持ち主のおばあさんに出会う。まず保育者が「おはようございます」とあいさつをする。「どこへ行くのかね」「電車を見に行きます，ね」と子どもたちにもおばあさんとの会話に加わって欲しい思いがあるので，保育者は子どもたちに同意を求める。ユウタ（2歳児）が首をコックンとして「そうだよ」と言うように意思表示をすると「いってらっしゃい」とおばあさんの笑顔に見送られ，みんなで「バイバイ」をする。
> 　慣れてくると「電車見に行くよ」の呼びかけにイソイソと外へ出る準備をするようになった。

3. 実践例にみる子どもの体験と保育者の援助　　*177*

> 　天気が良ければほとんど毎日のように出かけるうち，おばあさんともよく会うようになり，「おばあさんだ」「おはよう」と声をかけ合ったり，畑に咲いている花をいただくこともあった。園へ帰っても「畑のおばあさん」という言葉が出ると保育者もニコニコしてくる。地域の方に見守られているようで，保育者にとっても子どもにとっても温かい存在となっていった。
> 　子どもたちにとってさらに嬉しいことは，子どもたちが電車に手を振ると時々ではあるが「警笛」の返事が返ってくることであった。もう子どもたちは大喜びで思い切り手を振るのであった。

　電車を見に行くことからはじまったこの散歩は，いろいろな地域の人との出会いがあった。目的地をもう少し遠い公園まで，帰りのコースを変えるなどの工夫をすることにより出会いも多彩となり，楽しいものとなっていくことで，歩くことがより好きになっていった。

〈保育者の援助と配慮〉

・下見のポイントと持ち物

　① 順路をたどる：歩道の有無，農道等の様子（乳母車のため），距離，横断歩道・信号の有無，危険な場所はないかの確認

　② 電車を見る場所の確認

　③ 休憩のために座る場所の確認

　④ 持ち物：医薬品・着替え・おやつ・お茶・敷物・乳母車

・繰り返し地域へ出かける保育なので，子どもにとって地域のいろいろな人との出会いが嬉しいと感じるよう，保育者は温かいコミュニケーションを大切にし，地域の人たちに対する感謝の気持ちを表現する。

・1，2歳児は，虫・草・花・石・穴・落ちているもの等に興味をもつので，それらにゆっくりと触ったり，見ることができるようにする。

・低年齢なので乳母車も利用して無理のないようにする。

（2）おなかをすかせて，おいしく食べる

> **事例11-4　おにぎり弁当だけの園外保育-3，4，5歳児**
> 　保育所は，子どもが一日の大半を園で過ごすこともあって，発達に応じて豊

178　第11章　園外保育と健康

かな食の体験を願っているが，給食の時「残していい？」「もう，おなかいっ
ぱい」と，偏食や食の進まない子どもが目立つ。そのようなこともあり，カロ
リーなどの栄養価や副食の種類にとらわれず，給食としては，非常に質素とい
える「おにぎり」だけの日を月に1回設けている。この日は「おにぎり弁当」
だけを持って，おなかをすかせて，おいしく食べることができるよう園外保育
を行う。3歳児の5月も終わり頃の一例を挙げてみよう。

　並んで歩くことに慣れていない3歳児たち。そのため，園の近くの小公園へ
出かけた。遊具・木陰や芝生も少しずつある施設である。子どもたちが好きな
遊びをしばらくしていると「お弁当まだ？」と元気いっぱいのユウスケが保育
者に言いにきた。「そうね，まだ少し早いからもっと遊んでからお弁当にしよ
うね」と時計を見ながら言うと，ユウスケは遊具へ戻って行った。保育者は，
子どもたちがしっかり遊んでユウスケ以外の子どもも空腹を訴えたり，お弁当
のことを言いに来るまで待とうと全体を見守った。すると，しばらくして意外
なことにアイが「おなかすいた，早くお弁当食べたい」とやってきた。いつも
のアイは，偏食があり，食も細いので時間もかかってしまい給食の時間が苦手
のようであった。あまり無理強いせず少しずつ慣れていけたらと，保育者は考
えていた。「アイちゃんおなかすいたの，たくさん遊んだからかな。お弁当に
しようね」と返事をしながら保育者は嬉しくなってしまい「お弁当ですよ」の
声にも力が入った。

　3歳児用に塩だけの小さ目に握ったおにぎりを「のりがない」「なんにもつ
いていない」と言いながら食べる子どもや，気付いてか気付かずか，黙々と食
べる子どももいた。

　アイは比較的早く食べ終わると「ぜんぶ食べた」と保育者に言いに来て誇ら
しげであった。「すごい，アイちゃん全部食べたね」「ウン」とニコニコ。他の
子どもも負けじと「食べた」「ぼくも」。もう一度全体に「おいしかったね，み
んな全部食べたね，ごちそうさまでした」と完食できた満足感を共有した。

〈保育者の援助と配慮〉

・活動的でない子どもに対して保育者がはたらきかけ，遊びのきっかけをつく
　り，体を動かして遊ぶ楽しさを感じるようにする。
・子どもが十分遊び，空腹を感じて「早く食べたい」気持ちがもてるように子
　どもの様子を見守り，食事をするタイミングを図る。
・3歳児の食事量，食べる所要時間には非常に個人差があるので，おにぎりの

3. 実践例にみる子どもの体験と保育者の援助　179

量はあまり多くせず，園へ帰ってから牛乳やおやつなどで補う。

・全部食べることができたことを，保育者は心から驚き，うれしいという気
持ちを子どもにしっかり伝える。

（3）流れるプールでダイナミックに遊ぶ

　プール遊びは，夏期に展開される子どもにとって非常に魅力的な遊びであ
る。年長になると園内プールでは，水に恐怖心を抱くこともなく全員が楽しく
遊ぶことができる。また水遊びの楽しさだけでなく，衣服の着脱，脱いだ服の
管理や濡れた体を拭いたりと，快適な生活をどうしたらできるかを体験する。
安全面の指導もでき，領域「健康」の面からみて様々な内容を包含する。

事例11－5　冬もプール遊び－5歳児

　プール遊びは，7月にプール開きをして8月の中旬過ぎに終了するので，遊び
の回数が少ない。もう少し継続してダイナミックに水遊びを楽しむことができ
たらよいと，9月から年長児のみ週1回，地域の公営プールへ歩いてでかける。

　年長児はリュックサックに水着とタオルを入れて水筒を持って，公営の温水
プールへ出かけ，流水プールやすべり台など変化に富んだ，しかもダイナミッ
クな水遊びを楽しむ。終わりにそろってジャグジーへ入り，肩を触れ合い温泉
気分を味わうときは，和気あいあいとした雰囲気となり，くすぐりっこをして
笑い合った。

　流水プールの楽しさは，畳くらいの大きさのスポンジ板に大勢で姿勢を低く
して乗り流れていったり，浮き輪を付けて流れにまかせてユラユラ流されてい
くことだ。すぐ友達の浮き輪につかまり段々長く連なって流れていく遊びが発
生して，とても楽しそうで笑顔と笑い声がはじけて繰り返し遊びが続いた。

　プール遊びが終わると使った物をみんなで片付けてから着替えを済ませ，保
育者は女の子の髪をドライヤーでしっかり乾かす。

　園のプール遊びは平気で楽しんで遊べても，流水プールへは怖がって入れな
い子どもも数人いた。その子どもたちは保育者が一人ついて浅い子ども用プー
ルで遊び，最終的に流水プールへ入ることができた。

〈保育者の援助と配慮〉

・園のプールとは雰囲気，規模も違うので，ロッカーの使用，衣服の着脱や管

理等については，慣れるまで保育者は確認をていねいにして見守る。

・プール遊びは，恐怖心を持たないよう，一人ひとりの遊びの様子を見守り，適切にかかわる。

・安全面には十分配慮し，特に流水すべり台は，すべり降りたときに水にもぐってしまうので，保育者はそこに待機して目を離さないで水面に顔を出すのを必ず確認すること。子どもが安心感をもてるようにする。

・プールサイド，プール内での安全指導はしっかり子どもたちの身に付くようにする。

（4）栽培活動と食育

　栽培活動は，畑で子どもが自分たちで育てたものを収穫する園外活動である。そして，収穫物を園内で食べることもできる。

　苗を植えて，水やり，施肥，草取りという活動をしながら植物の成長を見守り収穫の喜びはとても大きい。しかし，なんといっても最大の楽しみは収穫した物を食べることである。園内で，保育者や友達と準備をしたり，料理をすることは，子どもにとって楽しい活動で意義深い。収穫した物を皆で分け合って一緒に食べると，好き嫌いのある子どもでも食べられるから不思議である。まさに，食育でいう「栽培，収穫，調理を通して，食べ物に触れる」「仲間と一緒に食べる楽しさを味わう」ことである（「第9章4．食育と健康」参照）。

> **事例11−6　さつまいもを栽培する−5歳児中心**
>
> **① 育てる**
>
> 　苗の植付けと世話は5歳児が中心で行った。園の近くに畑を借りて，さつまいもの苗を植え付けた後，短期間の水やりもした。バケツに水を入れて台車で運ぶことは，保育者にとって大変であるが，子どもたちは小さなジョウロを持って生き生きと動き回わる。この作業は子どもにとって，水遊びであった。
>
> 　夏の除草はいくら手があっても足りない。保育者と子どもと一緒に1回除草をするが，すぐ草がはえて見る見るうちに伸びてしまう。子どももこれ以上は除草に参加できない。結局，畑の持ち主や畑の近くの方の手を借りることになった。この子どもの活動を見守っていた人が黙って除草をしておいてくださ

3. 実践例にみる子どもの体験と保育者の援助　　*181*

ることもあった。感謝の気持ちでいっぱいであった。

② 収穫（いも掘り）

収穫は3歳児から参加を計画。園に近い畑なので子どもたちは足しげく行きができた。掘る前に年長児は蔓を保育者に切ってもらい，欲しいだけ思い思いに園庭へ引っ張って運び，蔓を園庭に並べて長さを比べたり，なわとび，引っ張りっこ，葉で首飾りを作ったりと好きなように遊ぶことができた。

いも掘りは年長児から学年別に参加。蔓切りをした株を中心に小さいシャベルを使うが，基本は手で掘る。土が固くて掘りにくい所は，保育者が鍬を入れ土を柔らかくした。ともかく子どもは必死でさつまいもを探して掘る。

さつまいもは大きい物が多いので，子どもが自分の手で掘りあげたときの感動もとても大きいが，小さな根っこのようないも絶対見落とすまいと粘り強く探し続けるので，なかなか畑を立ち去ることができない程であった。

掘ったさつまいもは，おもちゃのトロッコや台車で園へ持ち帰り山のように集めて，降園時迎えの保護者にいも掘りの様子を報告をした後，親子でさつまいもを見ながら子どもからいも掘りの様子を聞いてもらった。

③ 食べる　ふかしいものおやつ

掘ってきたさつまいもを5歳児が洗って，おやつに食べるふかしいもの用意をした。切ったり蒸したりすることは職員が行って，収穫の喜びを味わった。

いもきんとん作り（いもパーティ）

敬老の日にちなみ園児の祖父母を招待して，いもパーティと称して祖父母といもきんとんを作って楽しんだ。パーティの前日さつまいも洗いに5歳児が参加して，下ごしらえは職員で行った。

当日はクラスごとにテーブルを飾り付けて，子どもの歌を発表したり，手遊び，折り紙などで遊んだ後，祖父母を交えたグループごとにきんとん作りである。ラップを用意しておばあさんにきんとんの作り方を教わって，子どもたちは慎重に作ってお皿に盛り付けると立派なおやつとなった。お茶を飲みながら子どもは，少しはにかみながらも嬉しそうに，祖父母も幸せそうな笑顔で，きんとんを味わっている様子が印象的であった。

〈保育者の援助と配慮〉

・収穫する栽培活動は，苗を植えるまでの畑の準備，除草などは手間が必要なので，このような作業はいつどのようにするか計画をしっかり立てる。

・さつまいもは地中で生長するため生長過程の変化がわかりにくい。子どもが

182　第11章　園外保育と健康

「じゃがいもとれたよ」

関心をもてる工夫をする。除草に参加したり，散歩のときにちょっと寄ってみたりして期待がもてるようにする。
・収穫は子どもにとって感動的な活動である。ゆっくり参加できる時間配分をする。そして，子どもの土や虫などに対する興味，発見なども大切にする。
・ふかしいもの準備はあまり時間もかからず，子どもも参加できるので，収穫した日に食べることを楽しみ，収穫を実感できるようにする。
・収穫までにはいろいろな人の世話になって，手が加わったことを保育者は語ったり，感謝の気持ちをもって伝える。

(5) 自然を思い切り楽しむ

秋の行事の中心で子どもたちが楽しみに待つバス遠足がある。

5歳児の10月ともなると，運動会を通して運動遊びに挑戦したり，お客様に応援をしてもらい，がんばりが自信となり成長した姿を見せる。友達関係も深まり遊びが活発になる。

そんな時期に草はらと樹木の豊かな森林公園へ出かけて，自然を感じ思い切り体を動かして遊んで欲しいと願う。

> **事例11-7　草の斜面滑り－5歳児**
>
> 　目的地に着くとリュックサック，水筒を下ろして，全員が保育者の引率で歩きながら遊んでよい場所，行ってはいけない場所を確認しながら，しっかりと知らせる。一巡して好きな所で遊ぶように伝えると，数人の男の子が草の斜面へ走った。そして，なだらかな斜面を駆け下りたり上ったりを繰り返すうち，サトシがゴロゴロと転がり出すと他の子どもたちも大勢加わって転がり出した。女の子たちもその様子を見ていて少数だけ転がって遊んだ。
> 　保育者は，しばらくその遊びを見ていたが，用意してきた段ボールで作った

そり（取っ手用にひもを付けガムテープで補強した物）を出した。サトシが「先生，何」とすぐ興味を示す。「何だと思う，使っていいよ」と言いながら大小３枚のそりを置く。サトシが「わかった，すべるんでしょう」と言うが早いか大きいそりを持つと，小さいそりを男女二人が持ってサトシに続いた。サトシは平らな所でそりに座って「ここ持つんでしょう」と保育者にたずねる口ぶりであるが，保育者を見ることもなく，自分に確認するような独り言であった。そして，そりを斜面に向け直し滑ろうとしたが傾斜がなだらかですべらない。「先生，すべらん」と言うと斜面に移動して，少しだけすべることができた。サトシは納得したような表情を見せたが，すぐそりを持ってもう少し上までかけ登ってすべり降りることができた。初めて嬉しそうに笑って周りを見た。他の二人がサトシのまねをして近くまですべってくると「もっと上へ行こうか」と声をかけて繰り返しすべって遊んでいた。

　その後，他の子どもたちが「貸して」「入れて」と言っても，サトシはなかなか貸そうとせず，保育者が仲立ちをして貸すことになった。

　この様子から，保育者はまだそりに乗っていない子どもに声をかけて，わずかの時間だけ後に乗せてすべってやったり，自分ですべってみるよう呼びかけたが，時間不足で十分遊ぶことができなかった。

〈事後の反省〉

　サトシは自分なりに試してすべり方を見つけることができたが，そりを他の子どもに貸す時点ではまだ十分遊び切っていない状態であった。それで返事もせず，もっと遊びたい気持ちと交替もしなければならない気持ちが交差していたのではないか。交替することにも意味はあるが，もう少し遊び込んでいたらサトシの態度も変わっていたと考える。

　この事例では，一人ひとりの子どもが自分なりに自然を感じて思い切り遊んで欲しいと考えたが，保育者がそりを投入したことで遊びの流れが変わった。そり遊びは，サトシをはじめほとんどの子どもが興味を示したことは，環境にも合った楽しい遊びであったが，時間とそりの数がまったく足りなかった。そのため，遊び方をじっくり見つけたり，友達同士のかかわりも希薄な部分があったし，遊び込む時間がなく思い切った冒険的な遊びも少なかった。

　以上を振り返ると，一人ひとりの子どもが非日常の環境の中で，友達や物と

184   第11章　園外保育と健康

どのようにかかわって欲しいかをしっかり願って計画を立てたり，準備をして実施しなければ，現地の下見をしたことも活かされないものになる。

（6）自然の中でのくらし－宿泊保育

　都会で生活する子どもにとって，自然環境はきわめて乏しく，車社会にはますます拍車がかかっている。家族形態も核家族化や少子化が進行する中で，過保護や過干渉が指摘されている。

　こうした中で，保護者と離れて仲間とそろって同じ物を食べたり，同じ場所で眠ったりと生活を共にし，また，日常ではなかなか体験できない広大な自然に触れることができるのが山や海での宿泊保育である。

事例11－8　山のお泊り保育－5歳児

　9月，学園の宿泊施設を使用して，年長児が日常の生活とは異なる宿泊という連続的な生活によっていろいろな体験を楽しくして欲しいと願って，山での宿泊保育を実施した。

　山の宿泊保育は実に多様な環境が待ち受けている。山の家への途中には県民の森，山の家の近くには，階段を100段も登らなければならないお寺がある。その上，山の家には宿泊施設のほか池や川や草原まである。その中で保育者や友達と一泊を共にするのだから実にワクワクすることもあり，寂しい思いをするときもあって「ご飯何かな，山の中で食べるのかな，楽しみ」「このお部屋って私たちだけのお部屋なの，すごーい」「みんなが寂しいって泣くから僕もママに会いたくなってきた」などのつぶやきが聞こえた。

　2日間のスケジュールは生活面において，荷物整理，着替え，食事，就寝準備，入浴，掃除など自分たちの手ですることがいっぱいである。でも，生活に必要な作業であるが，子どもにとっては家を離れて保育者や仲間とすることは非常に楽しいことであった。

　遊びも今まで経験したことのない，近くのお寺へのハイキング，虫捕り，川に入っての遊び，ウォークラリーと，楽しさと驚きの連続であった。

　ハイキングにおいては，階段がまっすぐ高く遠くへ続いて，その回りは，太い高い立派な杉木立が鬱蒼と茂り霊気を感じる雰囲気であった。「このハイキングどこまで続くの，もう疲れて歩けない……。ここってトトロが出そうだよね」と，子どもがその場を表現した。保育者も樹木の清清しい香り，冷気に深呼吸

> をした程であるから，子どもの体感は想像以上のものであったに違いない。
> 　休憩をしながら100段の階段を登りつめると境内である。少しの休憩で疲れもすぐに忘れて遊ぶことができた。

〈保育者の援助と配慮〉

・宿泊保育は，親から離れて自然の中での非日常的な生活を過ごすので，余裕のあるプログラムにする。

・事前，事後の保育を大切にする。事前保育では，宿泊保育に対する期待感がもてるようにして，興味・関心を高めていく。事後保育では，園外保育で得た新しい経験や楽しかったことを保育に活かせるようにする。

・子ども一人ひとりの体調，体力をしっかり把握しながら楽しく安全に過ごせるよう配慮する。

・ホームシックにかかる子どもも出ると考えられるので，楽しい雰囲気をつくる。寂しい気持ちに寄り添ってやることも必要である。

・生活の部分（荷物の整理・入浴・就寝準備・掃除・手伝い等）では，自分でしっかりできる子ども，慣れていない子どもなど個人差があるので，できるだけ自分でできるように温かく見守る。

・ハイキングで疲れたら休息を取りながら，子どものつぶやきに保育者も共感して，森の神秘的雰囲気，自然の気持ちのよさを他の子どもたちとも一緒に感じ取れるようにして，気分も体も元気を取り戻して歩けるようにする。

・保育者は宿泊保育の解散のとき，子どもに対してがんばったこと，挑戦したこと，協力したことを伝えて，今後の自信につなげる。

4. 園外保育実施のあり方

（1）目的地の選定

　園外保育のねらいに応じて場所を選定する。子どもの体力，時期，環境を配慮し安全性が確保できることが重要である。

（2）実地踏査（下見）とスケジュール

　園外保育を実施するときは必ず下見をする。下見をしっかりすることにより内容が充実したものになり，事故を防ぐことにもつながる。

　園外保育は日案を立てる必要がある。園を出発して帰るまでの日程が必要で目的地までの所要時間や目的地での過ごし方などスケジュールを立てる。また，目的地の施設（遊具，トイレ等），お弁当を食べる場所，自然の様子，歩くコースをチェックしておく。そして，あらゆる危険も想定しておかなければならない。蜂などの生き物，池・川やがけなど土地の様子，車などの交通量，歩くコースを把握しておく。

・下見の内容

　施設　①管理事務所へ申請は必要か，②トイレの状況，③遊具の状況，④建物の状況（天候の急変に備える）

　野外　①木陰，休憩場所の有無，広さの確認，②遊び場所，③危険個所

（3）事前，事後の保育

　園外保育を実施するにあたり，事前，事後の保育は重要である。

　事前保育では，園外保育に対する期待感を子どもたちにもたせることにより，興味・関心がもてるようにする。子どもと一緒に写真やDVDを見たり，目的地までの行程や目的地での活動について話し合ってイメージがもてるようにする。

　事後保育では，園外保育で楽しかったことを保育に生かせるようにする。

（4）保育者の持ち物

　①救急用品：消毒液・ガーゼ・リバガーゼ・ばんそうこう・包帯・脱脂綿・冷えピタ・虫刺され用の薬・体温計・とげ抜き・三角巾・はさみ・タオル・ティッシュペーパー・針と糸　ほか

　②連絡名簿，③携帯電話，④着替え，⑤ビニール袋

（5）当日の配慮

① 出発前に子どもの健康状態を確認する。 ② 歩く際の諸注意や交通ルールについて，子どもたちと話し合い気付かせて出かける。 ③ 道路を歩くとき，保育者は最低二人は付き，列の先頭と後部について危険のないようにする。 ④ 途中，社会事象や自然に触れる機会があるので，興味や関心がもてるような言葉がけや援助として，子どもの発見やつぶやき，驚きを大切に取り上げていく。

（6）危険やけがへの対応策

擦過傷，切創や打撲程度は救急薬品で対応する。応急手当てでよいか判断に迷う場合は，医療機関で診察を受けるのが望ましい。もしも，骨折など大きなけがが起きてしまった場合は，救急車を要請するのがいちばんよい方法である。

（7）園外保育の意義を保護者に伝える

園外保育を行うにあたって，保護者の理解を得ることはとても重要なことである。そのために保護者への説明と実施後の活動報告を行うことである。園外保育のねらい，目的地や安全対策について理解を得る。活動の様子を写真やビデオカメラで残して，その写真を使用し報告書を作成したり，写真を掲示することもできる。保護者会などでビデオ視聴したり，画像データの貸し出しをすれば，日頃気付かぬ子どもの一面や成長等の理解となり，園の保育に対して信頼を得るなど，保護者にとって子育ての参考となる部分もある。

■参考文献

村岡眞澄ほか：保育内容「健康」を学ぶ，福村出版，2001
伊藤順子ほか：保育内容「健康」，圭文社，2001
井上初代ほか：遠足・園外保育，明治図書，2001
田村忠夫：園外保育とらのまき，すずき出版，2005
玉井美知子：子どもから学ぶ保育活動「健康」，学事出版，2001

さくいん

＊イタリック体は次頁以降数頁にわたり同一語が出現することを示す

あ—お

- 愛着……………………53, 70
- 赤ちゃんがえり…………27, 128
- 歩く経験（機会）……19, 174
- 安全………………………*156*, 175
- 安全管理………………149, 170
- 安全基地…………………6, 70
- 安全指導…149, 156, *168*, 180
- 安全点検…………………170
- 移動運動…………………53
- 移動遊具……………96, 166
- 衣服の着脱……33, *128*, 179
- 飲料水……………155, 167
- う歯………………………148
- 腕や手の発達……………124
- 運動機能…………84, 101
- 運動能力………47, 94, 110
- 運動能力の低下…………3
- 運動能力の発達…………*62*
- 運動の調整能力…………47
- 運動の発達………………*45*
- 運動発達の順序…………*45*
- 永久歯………………148, 160
- 衛生………………………130
- 園外保育……………17, *173*
- 園庭……………38, *90*, 96
- 園庭の安全対策…………165
- 鬼ごっこ………83, 93, *102*
- 鬼ごっこの遊び方………105

か—こ

- かけっこ……………93, *111*
- 風邪………………………147
- 学校教育法………………1
- 紙おむつの弊害…………127
- 噛み傷……………………152
- 感覚運動…………………52
- 感染症……………………146
- 危険回避能力…157, 160, 168
- 基本的生活習慣…5, 11, *119*
- 虐待………………27, 62, 144
- 救急処置…………………149
- 救命処置…………………150
- 教育基本法………………1
- 切り傷……………………151
- 筋肉………………………41
- 靴のサイズ………………114
- 月曜日シンドローム……33
- 健康観察……………27, 144
- 健康管理…………………142
- 健康の定義（WHO 憲章）…2
- 誤飲…………………150, 164
- 光化学スモッグ…………167
- 交通安全指導……………162
- 交通事故…………………150
- 心の安定…………………30
- 心の発達…………………*61*
- 午睡…………………126, 138
- 固定遊具……38, 96, 101, 165, 170
- 子どもの権利条約………7
- 子どもの事故やけが…*158*
- 子どもの動線…132, 163, 165

さ・し

- 災害の発生する場所……158
- 西頭三雄児………………82
- 栽培…………………135, 180
- 刺し傷……………………151
- 挫創………………………152
- 歯牙破折…………………160
- 事故………*149*, 155, *157*, 186
- 室温………………………167
- 湿度………………………167
- 室内空間…………………86
- 児童憲章…………………6
- 児童権利宣言……………6
- 児童の権利に関する条約…7
- 児童福祉法………………1
- 社会性の発達…………63, 69
- 社会的微笑………………65
- 収穫…………………135, 180
- 情緒の安定……………67, 174
- 情緒の発達……………63, 65
- 情緒の分化………………66
- 衝突………111, *150*, 164, 168
- 食……………………134, 153
- 食育………………135, 153, 180
- 食事の自立………………123

食生活⋯⋯⋯ *22*, 26, 153, 171
食中毒⋯⋯⋯⋯⋯⋯⋯⋯ 167
食農教育⋯⋯⋯⋯⋯⋯⋯ 135
食物アレルギー⋯⋯⋯⋯⋯23
自立性の発達⋯⋯⋯⋯⋯⋯63
視力⋯⋯⋯ 114, 143, 148, 167
人格⋯⋯⋯⋯⋯⋯⋯⋯⋯⋯77
新生児反射⋯⋯⋯⋯⋯⋯⋯47
身体知⋯⋯⋯⋯⋯⋯⋯⋯⋯56
身体的な充実感⋯⋯⋯⋯⋯95
身長・体重の発育曲線⋯⋯44
身長・体重の変化⋯⋯⋯⋯42

す・せ

随意運動⋯⋯⋯⋯⋯⋯⋯⋯48
水質検査⋯⋯⋯⋯⋯⋯⋯ 167
睡眠⋯⋯⋯⋯⋯⋯ *25*, 33, *124*
睡眠リズム⋯⋯⋯⋯⋯⋯ 124
スキャモンの発育曲線
⋯⋯⋯⋯⋯⋯⋯⋯⋯ 40, 47
擦り傷⋯⋯⋯⋯⋯⋯⋯⋯ 151
生活環境⋯⋯⋯⋯⋯ 130, 167
生活習慣⋯⋯⋯⋯ 5, 33, *119*
生活習慣病⋯⋯⋯ 3, 23, 33
生活リズム
⋯⋯⋯⋯ 4, *25*, *32*, 138, *168*
清潔の習慣⋯⋯⋯⋯35, 130
整理整頓⋯⋯⋯⋯⋯⋯⋯ 130
生理的微笑⋯⋯⋯⋯⋯⋯65
潜在危険⋯⋯⋯⋯⋯⋯⋯ 170

た―と

体温調節⋯⋯⋯⋯⋯⋯⋯ 129
体型⋯⋯⋯⋯⋯⋯⋯⋯⋯⋯44
退行現象⋯⋯⋯⋯⋯⋯⋯ 128

体力の低下⋯⋯⋯⋯⋯ 3, 85
打撲⋯⋯⋯⋯⋯⋯⋯⋯⋯ 151
知的能力の発達⋯⋯⋯ 63, 73
聴力⋯⋯⋯⋯⋯⋯⋯⋯⋯ 143
定期健康診断⋯⋯⋯⋯⋯ 143
転倒⋯⋯⋯⋯⋯ 150, 165, 170
トイレットトレーニング
⋯⋯⋯⋯⋯⋯35, 120, 127
動線⋯⋯⋯⋯⋯ 132, 163, 165

な―の

習い事⋯⋯⋯⋯⋯⋯⋯⋯*20*
日本国憲法第 25 条⋯⋯⋯ 6
乳歯⋯⋯⋯⋯⋯⋯⋯⋯⋯ 148
乳児死亡率⋯⋯⋯⋯⋯⋯28
脳⋯⋯⋯⋯⋯⋯ 41, 45, 156

は―ほ

パーソナリティ⋯⋯⋯⋯*77*
排泄の習慣⋯⋯⋯⋯⋯⋯35
排泄の自立⋯⋯⋯⋯⋯ 126
発達
⋯⋯ 21, *39*, *61*, 124, 131, 156
発熱⋯⋯⋯⋯⋯⋯⋯⋯⋯ 147
鼻血⋯⋯⋯⋯⋯⋯⋯⋯⋯ 152
避難訓練⋯⋯⋯⋯⋯⋯⋯ 161
プール遊び⋯⋯⋯⋯93, 179
腹痛⋯⋯⋯⋯⋯⋯⋯⋯⋯ 148
負傷・疾病部位⋯⋯⋯⋯ 160
ブリッジス, K. M. B.⋯⋯66
不慮の事故⋯⋯⋯⋯⋯⋯ 150
フロスティッグ, M.⋯⋯⋯62
プロポーション⋯⋯⋯⋯44
保育室 88, 158, *162*, 167, 170
保育室内の安全対策⋯⋯ 162

保育所保育指針⋯⋯⋯ 8, 28, 64
防疫⋯⋯⋯⋯⋯⋯⋯⋯⋯ 166
防犯指導⋯⋯⋯⋯⋯⋯⋯ 161
ボウルビィ, J⋯⋯⋯⋯⋯ 70
ボール⋯⋯⋯ *57*, 94, *106*, 166
保健管理⋯⋯⋯⋯⋯⋯⋯ 152
保健コーナー⋯⋯⋯⋯⋯ 152
保健室⋯⋯⋯⋯⋯⋯⋯⋯ 152
保健指導⋯⋯⋯⋯⋯ 142, 152
保健所⋯⋯⋯⋯⋯⋯⋯27, 155
保健調査⋯⋯⋯⋯⋯⋯⋯ 142
歩行反射⋯⋯⋯⋯⋯⋯⋯50
母子健康手帳⋯⋯⋯⋯⋯42

ま―む

正木健雄⋯⋯⋯⋯⋯⋯⋯ 110
水遊び⋯⋯⋯⋯⋯⋯⋯93, 179
身の回りの始末⋯⋯⋯⋯ 130
虫歯⋯⋯⋯⋯⋯⋯⋯⋯⋯ 148

ゆ―る

遊戯室⋯⋯⋯⋯⋯89, 158, 162
遊戯療法⋯⋯⋯⋯⋯⋯⋯85
幼児期運動指針⋯⋯⋯50, 114
幼児期の終わりまでに育って
ほしい姿⋯⋯⋯⋯⋯⋯8, 15
幼稚園教育要領
⋯⋯⋯⋯⋯ 8, 28, 36, 64
幼保小連携⋯⋯⋯⋯⋯⋯14
夜型⋯⋯⋯⋯⋯⋯ 4, 25, 32
領域「健康」⋯⋯⋯ 8, 28, 36
ルール
⋯71, 93, 99, 101, 104, 110, 113

執筆者・執筆担当

〔編著者〕

榎沢 良彦（えのさわ よしひこ）　東京家政大学家政学部教授　第6章

入江 礼子（いりえ れいこ）　元共立女子大学家政学部教授　第3章

〔著　者〕（50音順）

上垣内伸子（かみがいちのぶこ）　十文字学園女子大学人間生活学部教授　第1章

桑原由紀子（くわはらゆきこ）　元千葉大学教育学部附属幼稚園養護教諭　第9章

菅 治子（すげ はるこ）　千葉経済大学短期大学部名誉教授　第2章

鈴木 恒一（すずき つねかず）　名古屋文化学園保育専門学校教員　第5章

堀田 瑛子（ほった てるこ）　元名古屋芸術大学人間発達学部非常勤講師　第11章

本江 理子（ほんごう りこ）　富山国際大学子ども育成学部准教授　第8章

安見 克夫（やすみ かつお）　東京成徳短期大学名誉教授　板橋富士見幼稚園園長　第10章

安村 清美（やすむら きよみ）　田園調布学園大学大学院人間学研究科教授　第4章

矢萩 恭子（やはぎ やすこ）　和洋女子大学人文学部教授　第7章

シードブック

保育内容健康［第3版］

2006 年（平成 18 年）　4 月 1 日	初版発行 〜 第 3 刷
2009 年（平成 21 年）　2 月 5 日	第 2 版発行〜 第 9 刷
2018 年（平成 30 年）　5 月10日	第 3 版発行
2024 年（令和 6 年）11月15日	第 3 版第 4 刷発行

編著者　　榎　沢　良　彦
　　　　　入　江　礼　子

発行者　　筑　紫　和　男

発行所　株式会社　建帛社
　　　　　KENPAKUSHA

〒112-0011　東京都文京区千石4丁目2番15号
TEL（03）3944-2611
FAX（03）3946-4377
https：//www.kenpakusha.co.jp/

ISBN978-4-7679-5081-5　C3037　　　　　　文唱堂印刷/常川製本
©榎沢良彦，入江礼子ほか，2006, 2009, 2018.　　Printed in Japan
（定価はカバーに表示してあります）

本書の複製権・翻訳権・上映権・公衆送信権等は株式会社建帛社が保有します。

JCOPY〈出版者著作権管理機構　委託出版物〉
本書の無断複製は著作権法上での例外を除き禁じられています。複製される
場合は，そのつど事前に，出版者著作権管理機構（TEL 03-5244-5088，
FAX 03-5244-5089，e-mail：info@jcopy.or.jp）の許諾を得て下さい。